比 较 出 思 想

比较
Comparative Studies

CS 比 较 译 丛 28

DISCOVERING PRICES

价格的发现

［美］保罗·米尔格罗姆（Paul Milgrom）—— 著

韩朝华 —— 译

中信出版集团｜北京

图书在版编目（CIP）数据

价格的发现 /（美）保罗·米尔格罗姆著；韩朝华
译 . -- 北京：中信出版社，2020.7（2020.11 重印）
书名原文：Discovering Prices ：Auction Design
in Markets with Complex Constraints
ISBN 978-7-5217-1415-9

Ⅰ . ①价… Ⅱ . ①保… ②韩… Ⅲ . ①市场—定价原
则—研究 Ⅳ . ① F714.1

中国版本图书馆 CIP 数据核字（2020）第 028119 号

DISCOVERING PRICES:Auction Design in Markets with Complex Constraints by Paul Milgrom
Copyright © 2017 Columbia University Press
Chinese Simplified translation copyright © 2020 by CITIC Press Corporation
Published by arrangement with Columbia University Press through Bardon-Chinese Media Agency
ALL RIGHTS RESERVED

本书仅限中国大陆地区发行销售

价格的发现

著　　者：[美] 保罗·米尔格罗姆
译　　者：韩朝华
出版发行：中信出版集团股份有限公司
　　　　　（北京市朝阳区惠新东街甲 4 号富盛大厦 2 座　邮编　100029）
承 印 者：中国电影出版社印刷厂

开　　本：787mm×1092mm　1/16　　印　　张：13　　字　　数：136 千字
版　　次：2020 年 7 月第 1 版　　　　印　　次：2020 年 11 月第 4 次印刷
京权图字：01-2020-2120
书　　号：ISBN 978-7-5217-1415-9
定　　价：58.00 元

肯尼斯·阿罗讲座系列

在过去的六十年里，肯尼斯·阿罗的研究对经济学课程的形成和发展产生了深远的影响。从某种意义上讲，当代经济学家都是他的学生。他的思想、研究风格以及视野的广度都是当前一代代最大胆、最具有创造和创新精神的经济学家的先驱和典范。他的开创性贡献包括一般均衡理论、社会选择理论和内生增长理论。肯尼斯·阿罗讲座系列荟萃了一批经济学家，其中有诺贝尔奖得主，也有正在做开创性工作的年轻学者。他们的工作光大了阿罗的学识及其创新精神。哥伦比亚大学以阿罗的英名举办此讲座，本系列中的著作都是对这些讲座内容的进一步阐释。

本讲座系列受到了哥伦比亚大学全球思想委员会、经济研究计划、全球经济治理中心，以及政策对话倡导组织的支持。

《增长的方法：学习型社会与经济增长新引擎》，约瑟夫·斯蒂格利茨（Joseph E. Stiglitz）和布鲁斯·格林沃德（Bruce C. Greenwald）

《阿罗不可能定理》，埃里克·马斯金（Eric Maskin）和阿玛蒂亚·森（Amartya Sen）

《*Speculation，Trading，and Bubbles*》，乔斯·欣克曼（José A. Scheinkman）

《医疗保险中的道德风险》，艾米·芬克尔斯坦（Amy Finkelstein）

《增长的方法：学习型社会与经济增长新引擎》（读者版），约瑟夫·斯蒂格利茨和布鲁斯·格林沃德

献给永远的伊娃

目 录

"比较译丛" 序

2002 年，我为中信出版社刚刚成立的《比较》编辑室推荐了当时在国际经济学界产生了广泛影响的几本著作，其中包括《枪炮、病菌与钢铁》、《从资本家手中拯救资本主义》、《再造市场》（中译本后来的书名为《市场演进的故事》）。其时，通过二十世纪九十年代的改革，中国经济的改革开放取得阶段性成果，突出标志是初步建立了市场经济体制的基本框架和加入世贸组织。当时我推荐这些著作的一个目的是，通过比较分析世界上不同国家的经济体制转型和经济发展经验，启发我们在新的阶段，多角度、更全面地思考中国的体制转型和经济发展的机制。由此便开启了"比较译丛"的翻译和出版。从那时起至今的十多年间，"比较译丛"引介了数十种译著，内容涵盖经济学前沿理论、转轨经济、比较制度分析、经济史、经济增长和发展等诸多方面。

时至 2015 年，中国已经成为全球第二大经济体，跻身中等收入国家的行列，并开始向高收入国家转型。中国经济的增速虽有所放缓，但依然保持在中高速的水平上。与此同时，曾经引领世界经济发展的欧美等发达经济体，却陷入了由次贷危机引爆的全球金融危机，至今仍未走出衰退的阴影。这种对比自然地引发出有关制度比较和发展模式比较的讨论。在这种形势下，我认为更有必要以开放的心态，更多、更深入地学习各国的发展经验和教训，从中汲取智慧，这对思考中国的深层次问题极具价值。正如美国著名政治学家和社会学家李普塞特（Seymour Martin Lipset）说过的一句名言："只懂得一个国家的人，他实际上什么国家都不懂"（Those who only know one country know no country）。这是因为只有越过自己的国家，才能知道什么是真正的共同规律，什么是真正的特殊情况。如果没有比较分析的视野，既不利于深刻地认识中国，也不利于明智地认识世界。

相比于人们眼中的既得利益，人的思想观念更应受到重视。就像技术创新可以放宽资源约束一样，思想观念的创新可以放宽政策选择面临的政治约束。无论是我们国家在上世纪八九十年代的改革，还是过去和当下世界其他国家的一些重大变革，都表明"重要的改变并不是权力和利益结构的变化，而是当权者将新的思想观念付诸实施。改革不是发生在既得利益者受挫的时候，而是发生在他们运用不同策略追求利益的时候，或者他们的利益被重新界定的时候"。① 可以说，利益和思想观念是改革的一体两面。囿于利益而不敢在思想观念上有所突破，改革就不可能破冰前行。正是在这个意义上，当今中国仍然是一个需要思想创新、观念突破的时代。而比较分析可以激发好奇心、开拓新视野，启发独立思考、加深对世界的理解，因此是催生思想观念创新的重要机制。衷心希望"比较译丛"能够成为这个过程中的一部分。

2015 年 7 月 5 日

---

① Dani Rodrik, "When Ideas Trump Interests: Preferences, Worldviews, and Policy Innovations," NBER Working Paper 19631, 2003.

一、 基本背景

保罗·米尔格罗姆，美国斯坦福大学教授，一位具有高度实践倾向的学院经济学家。他对拍卖理论的研究做出了重大贡献，并用"市场设计"这个术语概括自己的研究方向。米尔格罗姆的研究成果为美国联邦通信委员会（FCC）的无线频谱拍卖奠定了理论基础，他主导设计的拍卖程序后来在世界各地流传，被广泛用于对无线频谱、电力、天然气等资源的拍卖。成功的实践使米尔格罗姆成为当今拍卖理论和机制设计研究的领军人物。2004 年米尔格罗姆发表了他在"市场设计"方面的里程碑式著作《实用拍卖理论》。* 美国国家科学基金会盛赞米尔格罗姆的拍卖理论，称之为 20 世纪在微观经济学理论研究上的主要实践性贡献。

2012 年，美国联邦通信委员会为调整全国的无线频谱配置，组织了电视无线频谱的"激励性拍卖"（incentive auction）。《价格的发现》

---

* Paul Milgrom：*Putting Auction Theory to Work*，Cambridge University Press，2004.

是米尔格罗姆教授 2017 年的新作，书中的内容主要反映了他在这种激励性拍卖设计中遇到的问题以及最新的理论思考。

二、 模拟市场功能的拍卖机制

目前国内对拍卖理论的关心多着眼于拍卖实践，而真正从经济学角度关注拍卖理论研究的并不多。但米尔格罗姆的"市场设计"研究却不仅仅着眼于实用拍卖程序的设计，它还着意于改写经济学对市场价格机制的理解。在这方面，米尔格罗姆的问题意识是，在一个分权化的经济系统中，竞争性的均衡价格如何才能占据主流，乃至成为唯一价格。

这是一个理论问题，在米尔格罗姆的视界内，历史上对此问题有过几种解释，如亚当·斯密在《国富论》中对价格调节市场供求的描述，还有里昂·瓦尔拉斯 1847 年在《纯粹经济学要义》中阐述的竞争性均衡理论，然后是 1959 年肯尼斯·阿罗和吉拉德·德布鲁的完全竞争模型。但米尔格罗姆对这些理论解说都不满意，他更关注一个市场中实现供求均衡（从而实现市场出清）的具体条件和机制。他认为，就某一个产品或服务市场而言，可以用一个设计好的拍卖过程实现供求双方的对接和均衡。

米尔格罗姆设想的拍卖过程有两个基本类型：价格递增拍卖和价格递减拍卖。前者从存在过度需求的低价位起步，逐步提升价格以排除过度需求；后者从存在过度供给的高价位起步，逐步降低价格以排除过度供给。这两种拍卖过程最终都能在价格信号的引导下，单调地趋于供求均衡点，实现市场出清。在这种拍卖式分析视角中，市场出清过程被理解成供求双方的"匹配"（matching）过程。例如在劳动力市场中，每个求职者都在实施其个人的价格递增拍卖，以招徕用人企业为他的服务投标，而用人企业则根据一定的原则对求职者给出自己的报价，供求双方都在满足对方条件的前提下按自己的意愿实现相互匹配。

在这种分析中，米尔格罗姆强调，拍卖对象对买方是否具有完全的可互替性会对实现匹配的难易度有很大影响。在拍卖对象为全互替品的场合，实现匹配的难度会较小，市场也较容易达到出清状态。但在实际世界中，这样的条件并不总有保证。只要全互替性条件得不到满足，就会存在市场无法出清的情况。

为了分析非全互替品情况下的市场匹配机制，米尔格罗姆导入一种被称为"背包问题"（knapsack problem）的研究方法，从另一个角度阐释其市场设计的基本思路。所谓背包问题，最简单的理解是，假定有一批物品和一个容器（如一个背包），受背包容量的限制，无法将所有物品都装入包中，因而面临的问题是，如何挑选装入包中的物品集，以实现装入物品总价值的最大化。从拍卖的角度看，这相当于向诸物品所有者拍卖背包内的空间，而每个物品的价值则相当于投标者的报价。这种背包问题分析法可以为具有近似互替性的物品找出最优组合。原则上，它可以靠某种"贪婪算法"求解。如有一种贪婪算法就是根据诸物品的价值/体积比率由高至低地装包直至再也装不进去为止，由此实现装入物品总价值的最大化。因此米尔格罗姆认为，关于背包问题的任何算法都是一套挑选规则，符合这套规则的物品会被装入包中，而该物品的所有者就成为该拍卖中的胜出者。他称此挑选标准为"胜者挑选规则"（winner selection rule）。

而"市场设计"研究要解决的基本问题就是如何使这样的拍卖挑

选容易和有效。米尔格罗姆强调，理想的胜者挑选规则应该使拍卖参与者不费心机，无须策略，径直按自己对拍卖对象的估价诚实投标。米尔格罗姆称具备这一特性的拍卖方式为"反谋略的"（strategy-proof），并将遵循这种胜者挑选规则的拍卖机制称为"直言机制"（direct mechanism）。

以反谋略为核心的拍卖设计思想滥觞于美国的诺贝尔经济学奖得主威廉·维克里。他的研究初衷是要排除拍卖中可能出现的策略性博弈行为，使拍卖结果更为确定，也使拍卖参与者的投标更简单易行。而维克里的主要贡献是他发现基于一定的规则设计，可以使诚实报价成为投标者的唯一占优策略。所以，米尔格罗姆指出："维克里拍卖是一种'直言机制'……维克里拍卖的惊人之处在于，对每个投标者来讲，无论其他投标者的报价是什么，自己诚实地报告永远是最优的。"

三、 经济复杂性与人为调控

不难看出，米尔格罗姆的市场设计思想有一定"建构主义"倾向。他研究和设想的拍卖机制都是涉及众多参与者的大型拍卖，它们需要依托现代计算技术和最优化理论来设计和组织整个交易活动。那么，他这样一位当代美国主流经济学家为什么会觉得有必要用人为设计的拍卖机制替代原生市场的自发配置机制呢？

米尔格罗姆给出的解释是现实经济中的复杂性，复杂性导致"无组织市场"，难以确保市场出清和资源有效配置。在说明这一解释的理由时，他首先提到两个广为人知的因素——负外部性和不完全竞争。但他指出，不仅如此，还有两个重要但教科书中很少涉及的因素。

第一个因素是同质产品假设。流行的教科书中通常假设，同一个产品或服务类别中，单位产品或服务都是同质的，从而厂商或消费者并不在乎自己接受或供给的是哪个单位，市场出清涉及的只是供求数量上的均衡。但实际上，在现实世界中，产品和服务可以因时间、地点等方面的不同而产生很多细微差异。在有的情况下，这样的差异可以对供求双方能否实现匹配产生重大影响。例如，要是两趟列车想在同一时间驶进同一段铁轨，单凭市场价格的自发调节就可能导致灾难性后果。这时，"亚当·斯密关于价格调节终将起作用从而对资源的需求不会持续过度的说法，对那两趟列车上的乘客来讲是拙劣的慰藉！在即使暂时性供求失衡都不可承受的时候，光有价格机制是绝对不够的，还需有某种别的调控手段确保不失衡"。"如果我们想要飞机在飞入机场时不坠毁，那么有一个空中交通管制者，由他跟踪各个航班并引导飞行员，肯定要比仅在空域可能拥堵的时段里设定高价更好！"

第二个重要但未受到足够重视的市场失灵原因是，竞争性均衡模型依赖的凸性假设（从而市场出清价格存在）并无必然保障。因这类假设意味着所有物品的制造和使用不仅可以按整体单位进行，也可以按零散单位进行，从而可以在不损失效率的情况下扩大或缩小生产规模。但实际上，有些物品，如糖、小麦和油漆，可以按其零散单位消费，但像房屋那样的物品只能按整体数量消费；有些制造业过程，如汽车组装，只是在大规模进行时效率才会高得多。在这样的场合，要想保证恰当的经济决策，光靠市场价格是不够的，还需要有别的市场数据为价格作补充。

因此，米尔格罗姆认为，现实经济中的多种复杂性本身就构成了肯定市场设计必要性的重要理由。不过，需要注意的是，米尔格罗姆并不认为，现实经济中的复杂性使价格机制不再重要。相反，他的完整认识是，价格能促使市场中的单个主体考虑资源的机会成本，从而在资源配置上具有重要的引导作用，但因此而断言最好依赖一个无规制市场是愚蠢的。真正的挑战在于以某种有效的方式将价格整合进来，同时仍然维持足够的直接控制以确保多方面的约束条件得到满足。米尔格罗姆指出，在非最优化情境中如何利用价格引导资源配置是一个新的研究前沿，它要求有新的思路和方法。而且，即使从理论上看，引导资源有效配置的价格存在，但找到那些价格涉及的实践难题仍令人望而却步，而找到这些价格的最好途径常常是某种形式的拍卖。

从这样的论证中可以看出，在米尔格罗姆的市场设计思想中，人类的理性努力并不否定和排斥原生市场的配置和引导作用，它只是要通过恰当的机制设计，使市场参与者之间的利益互动和匹配对接更简单、更直接，从而也更趋近理论上的最优态。

四、 市场设计实践本身面临的复杂性挑战

维克里拍卖因其内生地含有反谋略直言机制而成为市场设计上的理论样板，但在付诸实践时，这套理论却步履维艰。维克里拍卖目前在实践中面临的最大挑战源于当代计算机技术和最优化方法的能力局限。以美国联邦通信委员会 2012 年以来实施的激励性频谱拍卖为例，由于在美国约有 2 000 个电视广播放送站，使这项大型拍卖含有数以千计的选择变量和 270 万个约束条件，因而其计算成为规模过大而难以驾驭的问题。米尔格罗姆团队对该问题的模拟表明，即使采用当下适于细致问题

架构的最优商用算法，用高速计算机运算数周，仍无法确定最优解。也就是说，尽管维克里拍卖在理论上能给出完美的最优解，但在实践中，维克里拍卖的结果和价格根本无法算出。

面对维克里拍卖的这个致命缺陷，米尔格罗姆提出了"动态时钟拍卖"构想。这是一种价格递减拍卖机制。在该机制中，诚实报价是每个投标者的明显占优策略，它还避免了维克里拍卖的其他一些显著缺陷。这肯定是一种很有前途的尝试，但它仅限于反向拍卖，还不具有维克里拍卖模型的那种普遍适用性。

现实经济中的复杂性决定了"无组织市场"难以满足保障市场出清的最优条件，使诉诸人类理性建构的市场设计成为必要。但人为设计的拍卖机制面临着难以克服的计算复杂性问题，还远远谈不上能有效模拟乃至替代涵盖成千上万供求主体的真实市场。

人们看到现实中的市场有种种缺陷时，就会想要通过自己的努力消除这些缺陷，且这样的理性努力也的确取得过显著成功。但必须看到，人类在这方面的努力往往陷入另外的复杂性陷阱，且这类复杂性在应对难度上未必亚于导致原生市场缺陷的复杂性。人类在这方面的经验和教训已有很多，这使放任不管的经济观具有合理性。不过，尽管如此，人类不会完全放弃理性建构的努力，因为人类生来就是理性的和能动的，不会面对现实缺陷而无所作为。现代经济学的存在价值，从根本上讲，就在于人类需要认识经济系统的内在机理，并凭借这种认识驾驭经济环境，以谋求人类经济状况的改善。人类的理性能力有限，但人类改善自身存在状态的内在冲动永恒不息。在经济生活中，人类或许永远也无法完全认识和驾驭外在现实，但人类仍会不断地认识现实并能动地干预现实，这或许就是人类存在的宿命。当代经济学对拍卖理论的研究及其成果正是这种存在张力的产物，坚信市场调节作用的主流经济学家注定要成为探讨市场设计的先锋。

《价格的发现》一书展示的不是一套成熟结论，而是当代经济学对市场价格机制的前沿探索。全书内容兼跨经济学和自然科学，涉及的数学和计算机学理论超出了译者的知识范围，中译此书实为苦差，虽殚精竭虑，但错讹一定多有。愿有行家指摘纠正，以利读者。译者在此先谢了。

韩朝华

2018 年 5 月 5 日

前　言

2014 年 11 月 17 日，我在哥伦比亚大学举办了一次纪念肯尼斯·阿罗的讲座。本书进一步阐述了那次讲座的内容。阿罗对经济学的贡献很多，而给我的任务是就其中一个专题做一次宣讲报告。此事不难，因为他的理论思考已在经济学中开辟出了一条宽广大道。先前的演讲者谈到福利经济学、社会选择理论、卫生经济学、创新经济学、金融经济学，以及其他领域。

本书在某种程度上缘起于肯尼斯工作中的一个独特领域，它聚焦于一般均衡理论及相关的价格决定过程。如传统上认为的那样，一般均衡理论发展了经济学中某些可追溯至亚当·斯密的最古老理念。斯密认为，即使存在大批不同物品时也能用价格引导资源配置，这是否正确？市场这只著名的"看不见的手"能帮助买家和卖家发现使市场出清（使供给和需求达致完美平衡）的价格吗？

阿罗为一般均衡理论的新古典传统做出了贡献。在那个传统中，这些问题都是在一些特别的公式化模型中提出的。在那些模型中，要被赋予价格的产品都是公式的组成部分，没人关注那些特别的产品为什么就

价格的发现

是经济体正在交易的产品。许多这样的分析还设想，物品都是可分的（这一设想对糖和稻米大体正确，但对轿车和住房就不是），而生产则不享有规模经济优势。而且，在几乎所有这类模型中，只承认有两类约束：资源约束，它限定需求不超出供给；以及有时候的激励约束，它确保参与者既愿意提供精确的计划信息，也愿意服从已定计划的指令。在给定假想市场满足了这些假设的情况下，这些模型被用来提出有关均衡是否有效率的种种问题。在这种公式化模型中被视为正确的答案传递出我们对真实市场的理解。

近年来，计算机学专家开始发展出一种极为不同的方法来研究价格和分权化系统。它聚焦的论题是经济学模型通常很少关注的。其中一个问题是，要想发现有效的资源配置，可能需要在参与者之间发生数量大得难以实现的交流，这即使对现代通信渠道来讲都会构成容量上的挑战。第二个问题是，即使所有的必要信息都已齐备，但计算出有效的资源配置，哪怕是依托极高速的计算机，可能也要耗费太多的时间。在这些模型中，可能存在规模经济效应，但可能不存在使所有市场出清的价格。在看上去像此类情形的市场中，重要的可能是通信系统以及运行极快并很好地逼近（approximation）有效资源配置的简单算法。"简单""快速""逼近"这些词语都是人们在传统经济学理论中极少遇见的。

我曾帮助美国政府调配无线电频谱中的某些波段，将它们撤出广播电视，转入移动宽带。在这项工作中，经济学问题和计算机学问题交织在一起。这项工作给我提供了一个为阿罗争光的机会，因它让我能像阿罗常做的那样，在两个学科间的边界上写作。受阿罗著作的启发，我追求的不是用公式将一套问题狭隘地纳入某种既定的经济学概念框架，而

前　言

是追随它们的趋向所指，根据需要，提供某种有实际作用的解决方案。在我的分析中，阿罗强调的一个特殊思想发挥了别具一格的作用。他分析了全互替品及其在引导动态价格调整中的作用，而在本书中，这种分析转换为这样一种研究，即如何运用一个基于拍卖的系统引导某些复杂的资源配置问题，并发现与之相关的价格。

在准备这部专著的过程中，我受益于多方的支持和建议。我的研究有一部分得到美国国家科学基金会的资助。我在哥伦比亚大学的讨论者中包括阿罗本人，还有帕特里克·博尔顿（Patrick Bolton）、约瑟夫·斯蒂格利茨和杰伊·赛斯拉曼（Jay Sethuraman）。我感谢他们为我提供的所有洞见。在斯坦福大学，有多位学生和同事与我共同工作，他们帮我润色文字，使之更为清晰，改善了标识符号，纠正了错误，并确保此书通俗易懂。对于这些宝贵的帮助，我要感谢穆罕默德·阿克巴波尔（Mohammad Akbarpour）、皮奥特·德沃科扎克（Piotr Dworczak）、里卡多·德拉弗洛雷斯（Ricardo de la O Flores）、西德哈斯·葛罗弗（Sidhanth Grover）、阿莉克莎·李·豪肖尔特（Alexa Lea Haushalter）、刘晓宁（Xiaoning Liu）、马征（Zheng Ma）、马里恩·奥特（Marion Ott）、梅根·罗丝·麦卡恩（Megan Rose McCann）、艾尔林·斯坎克（Erling Skancke）、英巴尔·塔甘－考亨（Inbal Talgam-Cohen）、安德鲁·沃格特（Andrew Vogt）、丹尼尔·莱顿·莱特（Daniel Layton Wright）。最后，我要感谢哥伦比亚大学出版社的几位编辑，尤其是布丽奇特·弗兰纳里－麦考伊（Bridget Flannery-McCoy），他们的协助贯彻始终。

第 1 章

导论

20 世纪 90 年代中期是一个新学科的好时代，当时这个学科以"市场设计"之名迅速蜚声天下。那个时期见证了第一款互联网浏览器的引入，它为消费者提供了进入万维网并稍后迅速进入天量网商的便捷通道。类似易趣的网上拍卖行、亚马逊那样的网上商店和集市、谷歌运营的即时广告拍卖商都应运而生，而自动化则要求这些市场的运行必须遵循正式的规则。这些公司和其他机构雇用了经济学家——在人们看来，他们清楚市场实际上是如何运行的——以帮助正在设计必要规则的工程师和程序员。

并非只有网上公司才在为如何组织其市场寻求建议。在同一时期，还出现了对全国住院医师匹配计划（National Resident Matching Program，以下简称 NRMP）的重新设计。在美国，该计划旨在推动市场实现新毕业医生与医院各种实习项目的对接。传统的匹配算法已完好运行了 40 年，现在它开始对每家医院提出要求，对可能进入其实习项目的医生做出排序，同时要求每个医生就医院做出排序。在通常的数学模型中，偏好都是医生和医院知道的真实情况。根据这一模型，在医生和医院间匹配的 NRMP 系统鼓励诚实地报告偏好，并导致了"稳定的"配对。也就是说，医生和医院双方都不愿意放弃由该匹配系统推荐的安排而彼此另做一次新交易。但在现实中，这个匹配计划不能做到准确配对。它的一个疏漏到 20 世纪 90 年代才开始显露。发生变化的是各类医学院校里的女生人数。将要毕业的医生中与其他医生结婚的人不断增多，这些夫妇都坚持要得到能相互照应的安排，而老系统的设计无法适应这一点。经济学家发现自己深深地陷入新的研究，即发明一种新的替代系统，它具备与老系统相似的理论特性，同时，除了能满足医院和单身医生的需要外，还要能满足医生夫妇的需要。

同一时期，美国在利用无线电频谱提供寻呼机和移动电话这类服务的产业中，首次引入了许可权拍卖。同样，这些拍卖在设计上得到了学院经济学家的帮助和指导。有数以千计的频谱得到配置，每项许可权都标明其覆盖的地理区域和占用频道。没有任何两项许可权是完全相同的，但有些买家视某些许可权为经济互替品，其大意是，如果这个买家知道他能更便宜地购得另一项许可权，就不会急切地购买眼前这项许可权。而有的买家则视某些许可权为经济互补品，其意思是，这个购买者愿意为同时购得两项许可权支付加价。当不存在互补品时，向各公司高效分派许可权面临的经济学问题与向医院分派单身医生面临的问题相似，但存在互补品的可能性使问题变得大为复杂。实际上，如果两个职位在同一家医院或者邻近的医院，一对已婚医生夫妇通常愿意支付加价（通过接受较差的安排）。在医生匹配和许可权拍卖中，互补品的存在都是使得对市场的再设计极富挑战性的因素。

尽管见证了所有这些实践活动，但仍有一些受教于传统经济学理论的经济学家对市场设计这个领域充满疑问。许多人问，市场为什么还要设计？为什么不受管制的市场参与者不能照看好自己？按照一个仍受众多经济学家信奉的观念，如果资源配置是无效率的，且如果各当事方能够在没有任何人为强加约束的情况下彼此自由协商，他们就会有足够的动力在没有任何外界帮助的情况下减少并最终排除任何重大的无效率。按照这一观点，无须任何有组织的市场推进有效率的交易。

这是对无规制市场力量持有的强烈信念，它被"烘焙"成了种种公式化模型，而经济学家习惯于用这些模型理解世界。经济学中的正式论断经常以数学语言呈现为各种定理，这些定理都依托于某个特殊数学模型的种种假设。对于经济学来说，公式化是重要的。因为它能使读者和其他人鉴别支撑任何明确结论的精确假设，查证这些假设是否真的蕴含这一结论，并检验对这些假设的背离会如何改变该结论。在前述的传统观念中，与此有关的论点被称作"科斯定理"，它因其提出者、英裔经济学家罗纳德·科斯（Ronald Coase）而得名。这一定理成立的前提是卷入任何市场交易的当事方符合四项假设：他们拥有安全和可让渡的产权；他们能够自由、有效地讨价还价；他们能无成本或不受任何管制地与人互动；每当与人交易能互惠互利时他们都愿意交易。从科斯的观点看，最重要的是，结果的效率不依赖于谁拥有初始产权。因为，所有权是讨价还价的一部分，如果必要，它是可以被改变的。

科斯明白，这个模型并非完全适用于任何实际情境，而法律缺失的情形在实践中可能很重要。在确保产权安全、使产权可让渡、进行有效的讨价还价、制定和强制执行契约，以及实施交易上，会有很多障碍，它们常常成为拦路虎。在两人间的直接讨价还价中，科斯定理描述的这个结论或许足具现实性。但是，当需要多个当事方为实现重大收益而达成协议时，交涉就特别困难，而这一定理的结论因此也就最不可能说明该情况下的真实结果。尽管有这些限定条件，沿"科斯式"思路所做的推论还是支撑了众多经济学家中一个根深蒂固的信念，即对市场的规制应当是最低限度的，通常情况下最好是让市场参与者自行照看自己的事务，无须让他们受制于规制者（当然也可能是学院经济学家）弄出来的种种"设计"。

远在科斯之前，就有一个更古老的、被称为古典经济学理论的流派，它强调各种市场如何能自行运转，貌似无须明确的设计。18 世纪的人们担心，随着封建主义的衰落，没有任何人控制生产，会导致经济混乱。而当时的苏格兰哲学家和经济学家亚当·斯密引人瞩目地描绘出市场这只"看不见的手"如何证伪了其同代人的这种担忧。他给出的理由是，如果有什么物品供给不足，该物品的价格就会上升以促进增产并鼓励减少使用；与此类似，过剩会引发生产者减产，如同受到一只看不见的手引导。

而一种更为现代的解说突出了使多种斯密论断得以成立的种种假设前提。肯尼斯·阿罗和吉拉德·德布鲁（Gerard Debreu）用公式极好地构建了一个模型，该模型证明了价格能引导经济体实现有效率结果的论断，还包括被称为完全竞争的假设。在一个市场中，每当有一个交易当事方索求的条件显著优于通行条件时，都会有别的供给者或客户愿意取代该当事方并按通行条件参与同样的交易，该市场就是竞争性的。在完全竞争的经济体中，每一个体参与者在单独行动时，对交易条件的影响力都为零。而涵盖所有参与者的经济体系则在平衡供给和需求的过程中决定交易条件。加上其他假设条件，包括假设每家每户都只关心自己的消费且永无餍足，至少在有些物品上总想要得更多，就可以推导出福利经济学第一定理：在完全竞争的经济体中，如果通行价格使每一类物品的供给都等于需求，就不会有任何别的可行资源配置能既在改善一人境遇的同时又不使另一人的境遇恶化。所有具备这一属性的资源配置都被称为具有帕累托效率，以纪念著名的经济学家维尔弗雷多·帕累托，是他引入了这一标准。

与科斯定理一样，福利经济学第一定理有赖于种种在现实情境中无法成立甚至连逼近都做不到的假设条件。例如，被用来证明该定理的数学模型假设每个市场参与者都只通过与他人的交易来影响他人。当一个人或一家公司的生产决策或消费决策直接影响了另一个人的福利或另一家公司的生产能力时，就被称为"外部效应"。外部效应司空见惯，而且它既可以为负也可以为正。一栋房屋的主人可以在早晨过早地使用嘈杂的割草机，从而扰乱邻居的睡眠。这是一种负外部效应，因为该房主的选择损害了邻居的福利。正外部效应的一个例子是苹果公司开发和销售 iPhone（苹果手机）的后果。这一决策为手机应用程序的开发者孵化出种种宝贵的新机会，因为这些开发者的产品与苹果的产品是互补的。就像许多新产品一样，通过使消费者意识到这个产品并证明他们会需要这个产品，iPhone 还为诸如谷歌的安卓操作系统以及三星、联想、宏达电（HTC）生产智能手机的竞争性产品创造出很多新的市场机会。按照新古典理论，市场既不能充分地阻止有负外部效应的活动，也无法充分地奖赏有正外部效应的活动。为缓解或排除各种负外部效应，人们为市场和其他情境中的社会互动设计出许多规则。例如，不许汽车司机阻塞十字路口的规则能使其他司机更快捷、安全地抵达目的地。

价格的发现

外部效应并非颠覆福利经济学第一定理结论的唯一的现实世界复杂性。该定理的基本假设是市场皆为完全竞争性的，但是，有些市场远非如此，因为有些参与者拥有设定或左右价格的实权。例如，苹果公司在iPhone的定价上就拥有相当的灵活性：与其竞争者的产品相比，苹果公司的产品价格较高，这使它损失了一些销量，但它已实现的销量在盈利性上则要好得多。

导致无组织市场失灵的这两个最初理由——外部效应和不完全竞争——在所有初级微观经济学教科书中都有充分的讨论。但是，还有两个假设条件，教科书中对它们的讨论要少得多，但对市场设计来说至关重要。首先是如下假设，即消费者或企业并不在乎会接受或供给每种产品中的哪个单位，因此，市场交易中唯一要紧的约束是需求数量必须等于供给数量。第二个假设是，使供给等于需求的价格存在。阿罗－德布鲁模型纳入了这两个假设中的第一个。但有一个关于该模型的定理指明了与一定集合的凸性有关的数学条件，而这一条件足以蕴含第二个假设，即市场出清价格的存在。

为什么阿罗－德布鲁模型与多数其他经济学模型一样，要设定同一类别中的产品为同质？传统的答案是，如果两个物件无论在物质特性上还是在涉及可用性的时间地点上存有任何重要的差异，它们就只能被处理为不同的产品，具有不同的价格。如果一个旅行者在周二需要纽约市内的一间酒店客房，他就不可能从不同城市的客房或同一城市内其他日期的客房得到满足，因而其他城市或其他日期的客房就是不同的产品并具有不同的价格。但这个答案的麻烦在于，它只能被分析到这个程度。因为，在任何一个确切的位置和时点上都只能有一个产品实体。如果产品描述必须考虑每一点差异，则任何产品实体的每一个供给者就都是一个垄断者，且每一款产品的每一单位都有自己的价格！对一个经济体模型来讲，若该经济体以竞争为基础，或者设定在该经济体中个人选择都由对每件产品的每种价格的了解引导，这些都是令人不安的结论。

在现实中，定义一个产品类型时，永远会有时间、地点乃至许多物质特性方面的某些细节被忽略。结果，永远会存留一定的异质性。例如，尽管外行会认为小麦的蒲式耳是同质的，但定义"2 号红麦"的物质特性中包括了多种限制，如每蒲式耳小麦的最低重量、损伤粒比例的上限、混入红麦籽粒的白麦籽粒百分比、外来杂质量，等等。[①]对"芝加哥 2 号红冬麦"这种商品的界定，除了要依托一系列被提及的物质特性外，还要取决于可获得这种小麦的时空范围。

在某些实用场合，同一类别内诸产品间的极细微差别在适应需求上至关重要。电力市场的组织方式是用户对发电厂在下午 5：00 和 5：04 输送的电力支付相同价格，但在下午 5：00 关掉开关的用户不可能使用下午 5：04 提供的电力。电力系统应该设法在用户需要电力时按其所需量发电，而不应只是在下午 5：00～5：04 的时段内在某一特殊区域按一定百万瓦特的总量发电。

资源约束，如"电力供应足以满足需求"那样的陈述，在各类市场中具有重要的性质差异。如果有一种资源约束，当人们试图违背它时，唯一的后果是有些需求得不到满足，我就称这种资源约束为"简单的"。例如，若一家轿车租赁公司中有两辆轿车，却有三个人要用车，其中的一人将会失望。鼓吹价格调节机制有能力矫正种种供求失衡的传统经济学分析隐含地假设，所有约束都是简单的。然而，对于某些

价格的发现

资源约束而言，有意违背资源约束很少能有好结果。例如，若两趟列车都想在同一时间使用同一段铁轨，后果就不仅是有一趟列车发现用不上那段铁轨，而是它们都面临相撞的灾难性危险。亚当·斯密关于价格调节终将起作用因而对资源的需求不会持续过度的说法，对那两趟列车上的乘客并不是什么好的慰藉！在连暂时性供求失衡都不可承受的时候，光有价格机制是绝对不够的，还需有某种其他调控手段来确保不失衡。另一个例子取自电力市场。当对电力的需求超过输电网的容量时，就可能出现波及所有消费者的电压不足或断电现象。

在这部专著中，我确认了两类复杂性，它们经常相互作用，使市场集中变得可取，也使好的市场设计显得可贵。首先，当需要使众多个人的计划都满足诸约束条件才能避免导致与列车相撞和电网降压之类事件相关联的极高成本时，这种约束就不是简单的。其次，当一个产品类型内的异质性意味着，若要使市场的表现令人满意，就需要为单个用户生产和分派产品的恰当单位，我就称那些可接受性约束（acceptability constraints）也是复杂的。人们常常发现，复杂性的这两种根源是结合在一起的。在古典经济学的观念中，厂商决策和消费者决策中的个体调节在价格引导下化解了导致超额供给或超额需求的暂时性条件。但是，当存在这两种复杂性时，这种古典经济学观念并不能成为市场设计理论的适宜基础。[②]

我强调的第二个未受到足够重视的假设是市场出清价格必然存在。阿罗和德布鲁已在他们的模型中证明，如果一定的集合是凸的，市场出清价格就存在。但他们的凸状集合假设并非毫无问题。因为那些假设意味着所有物品的制造和使用不仅可以按整体单位进行，也可以按零散单位进行，而且生产过程可以在不损失效率的情况下扩大或缩小规模。但现实中，有些物品，如糖、小麦和油漆，可以按零散单位消费，而像房屋这样的物品则只能按整体数量消费。就波斯地毯而言，大规模生产或小规模生产显然都能有效率；但有些制造业，如汽车组装，只有在大规模生产时效率才会高得多。在这样的场合，凸性假设就很难适用，要想启示和引导制造业决策，恐怕需要有其他的市场数据作为价格的补充。

经济学论述很少涉及复杂性方面的问题，而这一盲区能在很大程度上解释市场设计理念推广的许多阻力。没有复杂性，一个市场设计者还有什么用武之地？过分按字面意思解读科斯定理形成了一个教条，即应当永远任由人们自行安排其交易，因为他们最清楚自己的偏好。许多人过分学究气地看待该竞争模型及与之关联的福利经济学第一定理，从而不由自主地倾向于忽略有关复杂约束的各种问题，反而与亚当·斯密一起断言，只要市场具备适度的竞争性，无规制竞争这只看不见的手就会引导参与者达致某种有效率的结果。

有一个基于这一传统的学派教导学生认识各种特殊的情境，在那些情境中，动力十足的规制者，手中握有充分的信息和政策工具，能够改善种种普通的市场结果。或许，阻止具有负外部效应的活动或者鼓励具有正外部效应的活动，可以证明市场规制有其合理性。例如，要想抑制市场势力，只要不让垄断者以破坏性方式操纵价格，就可以证明规制是合理的。但实际上，完备的规制并不可能：规制需要创建种种监管性官僚机构，并伴有这些机构特有的刚性使命，往往会导向过度且/或反生产的规制。总体上，竞争市场理论往往与科斯式分析一道重申了如下理念，即竞争性市场多半自行运转良好，足以使其免于付出建立监管性官僚机构的代价。在这种观点看来，如果一个市场受到规制者的控制，而规制者可能太腐败、太缺乏信息以致做不出任何真正有价值的事情，那么只要当事方能在相当程度上自由谈判以达成互利的协议，尤其是当竞争能够约束价格操纵者时，无规制市场就能比受规制者支配的市场更有效率。许多认同这些传统看法的经济学家坚称，最好将市场交易活动托付于置身其中的当事方，而不去考虑任何外部的组织或干预。

本书的新颖观点是，在解释为什么有些市场能因悉心的组织而受益上，复杂性本身就可以构成一个重要的理由。要说明这一点，在进入正式阐述之前，让我们考察一下，复杂性以什么方式能够且有时已经引起无规制分权化市场的失灵，以及在那样的场合，市场设计的细节会怎样影响市场的表现。

1.1　佐治亚州的土地配置

前述传统观点有一个毋庸置疑的前提，即任何无效率的资源配置都会造成一种激励，促使各当事方解决这个问题，以创造出他们都能分享的价值。然而，当相关的约束条件在复杂性上远远超过简单地决定谁在有限的资源中获得多少时，各当事方就有可能靠某种正式组织而获益：对他们来讲，若无一种精心设计的市场组织，他们也许很难靠自己找到一种有效率的配置方式。

请看一下霍伊特·布里克利和约瑟夫·费里埃（2014）在佐治亚州实施的一项土地配置研究。在1803—1832年，佐治亚州通过一系列的土地抽签开放了它的边界土地（图1.1）。

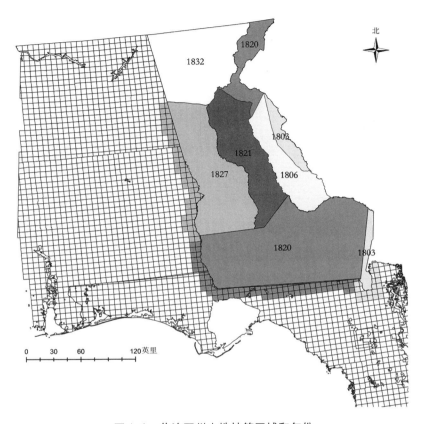

图 1.1 佐治亚州土地抽签区域和年份

资料来源：Bleakley and Ferrie（2014）。

在每次抽签中，申请人都从一个桶中抽取纸条以决定每个申请人将获得的地块（图 1.2）。

图 1.2　抽签者从桶中抽取土地号码

资料来源：由 George I. Parrish Jr. 提供。

那些地块的面积都被有意地定得适于小农场，这反映了那时的农作技术。然而，许多中签者起初并未迁到那个地方去开发他们的地块，而到他们迁去时，技术已经变得有利于更大的农场了。在没有任何帮助的情况下，凭借土地所有者从事必要的交易，市场能重组所有权并整合出在规模上合乎效率要求的农作地块吗？

这种所有权重组极富挑战，因为它涉及的问题远不限于决定应该给每个所有者分配多少土地。为了说明这种复杂性，请想象一下如图 1.3 中展示的初始地块配置和理想地块配置的情形。图中的虚线矩形画出了由小地块构成的初始地块配置，而实线矩形则表示了实现有效率土地配置需要的较大地块。

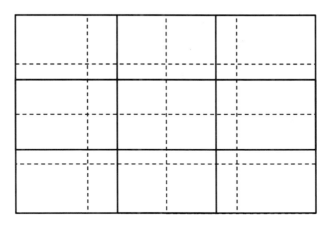

图 1.3　实现完全有效率的土地应用很可能需要对抽签结构和所有权实施复杂的变革

　　每个实线矩形都与 4 个虚线矩形相交。如果实现效率必需的交易都单独进行，则那 9 个新实线矩形地块的所有者中，每个人都必须与 4 个虚线矩形地块的所有者各做一次交易，这总共需要 36 次交易。对于虚线矩形地块的 12 个所有者来讲（排除 4 个角上的地块所有者），他们的首次交易会割裂他们的地块，留给土地出售者的是更小、更无效率且形状怪异的地块。为了使首次交易有利可图，一个虚线矩形地块的所有者也许必须预见，他将在地块变小后可能已经弱化了议价地位时，再做几次别的关联交易。

　　所需的绝对交易量挑战了科斯式的推论。因为，尽管无效率的权利安排确实会激励交易的产生，但是，当所需交易的数目极大时，无组织和无规制的交易活动可能要花费很长时间才能解决问题。尤其是当这些交易中，有些交易竟要求土地所有者在预见他们有朝一日可能要为赚钱而出售土地的情况下，接受更小、更无效率的地块。

　　对这一说法的一种传统反驳强调，私人市场在解决这类问题上极富创造性。例如，与初始所有者和最终所有者之间的交易不同，某个企业家或开发商可以收购全部的虚线矩形地块，并对它们进行重组和再分割，然后出售实线矩形地块。这会涉及 16 次购买交易和 9 次出售交易，总共 25 次交易。尽管比第一种做法中的 36 次要少，还使小矩形地块的所有者不必与多个购买者做交易，但 25 次依然是一个不小的数目。这虽有改进，却打不了保票。在能够阻碍这种有效率分配的小地块所有者中，有些人也许会索取特别高的价格，使这项地产开发几乎无利可图。

这样的拒不合作（holdouts）是土地交易中的常见问题。土地再开发者无力购买且最终不得不围着它们展开建设的房屋有时被称为"钉子户"，因为尽管建筑包围着它们，它们却像需要予以碾碎的钉子似的挺立在那里。[3]图 1.4 展现了西雅图的一家购物中心，其建筑旁边有一栋房屋，因该房屋的主人长期坚持拒不合作，要价太高。

图 1.4　西雅图与"钉子户"并存的大型购物中心
资料来源：由 Geoff Carter 惠赠。

除私宅外，其他建筑的所有者也有因拒不合作而闻名的，它导致了结构古怪的地产开发。图 1.5 所示得克萨斯州圣安东尼奥市的圣约瑟夫天主教堂及其周围的地产开发就是一个这样的案例。

图 1.5　圣约瑟夫的天主教堂及其周围的开发项目
资料来源：维基百科。

这些例子都表明，即使在极为有利可图时，要使所有房主一致同意一个新开发项目也可能是很具挑战性的。正如这些图片显示的，这样的失败会导致昂贵和持久的怪象，且没有任何人感到完全满意。

这些钉子户和教堂的案例无论多么有趣，它们可以是也只是一些奇闻逸事。在土地的再配置中，这真是一个常见和重要的问题吗？

佐治亚州的土地持有实例有助于更具普适性地说明这一问题，因为它涉及数量足够大的相似地块，从而允许使用统计方法进行解析。布里克利和费里埃考虑了这样一个事实，即初始的土地所有权是随机决定的，它造成了某种很麻烦的所有权模式，而技术变革意味着较大的地块在农业上更有效率。他们利用这些变化研究个人间的无组织交易活动要用多长时间消除小地块耕作的无效率，结果发现，绝大多数地块在土地的初始所有者或其直系后裔手中存留了很长时间，长达约一百年！这项研究还表明，这种极慢的再配置过程意味着土地所有者的极大损失。佐治亚州的土地价格要比佛罗里达州的相似邻近农地低约 20%。两位作者将此归因于较小的地块以及随之而来的较低生产率。这样的价值损失成为从事私人交易的诱因，但如果没有对这个市场的正确支持，只有这样的诱因是不够的。帮助打破该交易失灵僵局的一个因素是引入了更好的所有权登记，它帮助买家和卖家相互定位。最终，所有权模式得以改观，较大、较有效率的地块成为常态。但是，在实现这一转型上长达一个世纪的延宕浪费了海量的经济价值。这是由于交易的复杂性以及缺乏良好的集中产权登记从而无法实现有效率交易导致的直接后果。

这个改变土地所有权的故事在某些方面夸大了改善效率的困难，但在另一些方面又淡化了这种困难。之所以会夸大，是因为依据规模经济方面的种种细节，一个土地买家只需把两块毗邻地块合并成面积加倍的地块，而非最优中间面积的地块，就有可能获得相当有效率的结果。这样的交易不仅在安排上要容易得多，而且可以削弱个人以拒不合作的方式阻挠有效率重组的能力。前面钉子户案例表明了其中的积极方面，即如果只有一户拒不合作，一个项目还是能够完成的。但这些例子也展现了一个重要的负面效应，即在重组过程中若无法合理地配置所有权，就会导致一种近乎永久性的无效率开发。因为，即使西雅图那位钉子户现在愿意出售房屋，开发商也不可能再有兴趣：开发项目的设计已被更改并建成，那块地被略过了。对源于最初交易失败的损害和无效率，消除它们的意愿来得太晚了。

正是这些实例中的此类困难激发了围绕国家征用权（eminent domain）的法律，允许政府以合理的补偿为交换手段，强征财产以推进公共工程。尽管这项政府权力的适用范围仍有争议，但它的有些用处也很明显。例如，在美国州际高速公路的建设过程中，只要判定是按照符合土地"公允市值"的价格购买土地的，就不允许个人财产所有者以拒绝购地意图妨碍公路建设。

这些案例就市场如何动作以及组织为什么重要给出了若干重要启示。首先且最明显的是，对于任何资源错配，无组织市场要耗费极长的时间才能矫正，当交易复杂且涉及土地这类异质产品中的多边重组时尤其如此。其次，在有些当事方被排除在最初的交易之外时，有可能会无法挽回地丧失一些价值创造机会（比如设计较合理的开发项目）。再次，在如何组织和运行市场方面，种种细节会影响交换的效率。在佐治亚州土地案例的早期，由于土地的潜在买家在找到可能出售土地的所有者并与之沟通上困难重重，对土地所有权的有效重组步履维艰。而在改善了土地登记、使之包括了土地所有者的联系信息之后，交易变得较为容易。④最后，在合并和重构土地所有权上，产权方面的细节会影响其难易程度。我们将结合政府对国家征用权的运用来例证这一点。这一政府权力在城区改造、全美高速公路网建设以及其他活动中贡献突出。

1.2　航空线路和商业性太空发射

有些配置问题看似极为复杂，以致人们很少考虑用市场来管理它们。一个例子是在主要的繁忙机场配置航班线路或起降点。为使航班飞行安全，在空中和起降过程中，都需要在航班之间留有足够的时间和空间。安全方面的要求在短期和长期中是不同的。例如，气候变化会影响

价格的发现

飞机在起降中的安全间隔，而诸如商用无人机之类的新技术，则在如何共享空域上提出了新议题。这些因素都使完全分权化的无组织市场变得危险，并使一个受控于航线规划者和空中交通调度人员的系统得以发展。

但集中化的系统也有诸多弊端，且当价格脱离了其引导资源配置的作用时，它的某些重要方面便不复存在。当使用者需要就使用某种资源而支付对价时，他们就受到了节约该资源的激励。商业航空公司可以通过安排较少的航班运送较多旅客以节约开支，或者可以让航班转向某个相对空闲的邻近机场。货运公司可以将其航班的时间排在客流量较少的夜间。无人机航班可以在较低的高度飞行，因为这个空域里的时间安排可以更灵活。在用途和需要发生变化时，具有较高价值应用需求的新用户可以向既有用户购买产权，以使用途转换方便易行。在一个完全自由的市场系统中，投资模式甚至更为复杂。飞机公司设计和制造飞机服务于最有价值的用途。当高价航线的成本上升时，在最拥挤航线飞行的零售价格也会上升，而有些消费者可能会改乘列车和长途汽车。如竞争市场理论强调的，竞争产生的价格在整个系统中为旅客、航空公司、飞机制造商和旅行供应商提供了正确的激励，使他们做出正确选择以有效利用资源。

仰望天空，我们看到空域的另一种新用途。过去几年中，在美国和欧洲，人们对获准商业性太空发射的兴趣不断增长。这对空中交通控制系统提出了挑战，因为这需要协调这种新的垂直飞行与传统的水平飞行。要想在这些飞行活动之间做出妥善配置，需利用有关这些飞行活动的相对价值方面的信息。而在这件事上，市场几乎总是能做出优于监管者的决策。

根据前例可知，商业性太空发射有可能是破坏性的：美国政府从佛罗里达卡纳维拉尔角进行的太空发射导致了重大破坏，迫使美国改变整个东海岸的飞行路线。这是因为太空发射的事故率要远远高于商用飞机，还因为太空发射事故会在千百英里的半径内抛掷飞船残片。

2014 年 10 月 31 日，就在我举办构成本书基础的阿罗讲座的前几周，维珍银河*的 VSS 企业号太空船坠毁在加利福尼亚州的莫哈韦沙漠中。如图 1.6 所示，那次事故将残片散布在 34 英里的沙漠之中，这充分表明，相对于水平飞行，为垂直飞行提供更多的时间和空间的重要性。

这些事实提出了若干资源配置问题。究竟应该将哪些垂直飞行列入计划？在何时何地起飞？是否应该将有些垂直飞行安排在空中交通不很密集且时间不很严格的夜晚？是否只应该将它们安排得远离主要航线或主要机场？太空发射中的哪些特点将决定发射的优先顺序，并导致它与水平飞行不同？

基于定价过程的系统有助于回答此类问题。如果许多有价值的水平飞行航班拥有对其航行路线的权利，而某次垂直飞行（太空发射）要取代那些水平飞行航班，市场系统就会迫使该发射购买航班飞行权利。或者，若航班飞行权利由政府控制和出售，市场系统就会要求该发射在出价上超过那些水平飞行航班。不值得的发射会被阻止。如果发射日程很容易重新设置以取代越来越多的有价值的水平飞行航班，价格系统就会鼓励人们做出这样的调整。

---

    * 维珍银河是一家隶属于美国维珍集团的商业航天公司（维基百科）。——译者注

图 1.6　维珍银河的 VSS 企业号，事故前和事故后
资料来源：上图由尤尔韦特松在网络相册（Flickr）上提供；下图由国家交通安全委员会提供。

一个单纯基于政府管制的系统通常缺乏这样的良性激励。图 1.7 是艺术家对计划中的佛兰特岭宇航中心（Front Range Spaceport）做的艺术展示，该中心将建在丹佛机场以西 6 英里处。

图 1.7　对计划中的佛兰特岭宇航中心所做的艺术展示
资料来源：路易斯·维达尔＋建筑师。

有人也许会怀疑这个位置是否合适，因它与美国西部的重要航空枢纽非常接近；或者，这一选择是否会不必要地增加空中的交通拥堵。如果没有不同季节和一天中不同时段的航线价格及起飞和降落的日程安排，那么包括计划者在内的任何人都很难评估这一选择是否明智。

恰如这个例子表明的，即使在受到严格约束的系统中，价格也能在引导资源配置上发挥重要作用，促使市场中的单个主体考虑其所用资源的机会成本。然而，断言最好依靠一个无管制市场，而无须一个中央机构监控安全要求，就是愚蠢了。挑战在于以某种有效的方式将价格整合进来，同时仍然维持足够的直接控制以确保复杂的约束要求得到满足。

1.3 联邦通信委员会的激励性拍卖

2016 年，美国联邦通信委员会（FCC）实施了雄心勃勃的"激励性拍卖"（incentive auction），其中吸取了前两个实例给出的经验教训。通过我的公司 Auctionomics*，我领导一个咨询组为激励性拍卖设计、规划并创建了一个专业化的软件。因此，我对这个实例所做的背景和细节讨论将较前两个实例更为详尽（在本章结尾我还详细说明了主要的拍卖规则）。

与佐治亚州的土地例子一样，联邦通信委员会的激励性拍卖事关产权的重新配置，目的在于使某种宝贵资源能得到更有效率的利用。在联邦通信委员会的案例中，要被重新配置的权利不是地块使用权，而是对无线电频谱的频率使用权。在描述这种重新配置面临的挑战之前，我们先回顾历史上对无线电频谱的使用，以及新近的技术变化如何导致了需求模式的变化，而这种变化又使这种权利再配置极为有价值。

在美国，有线电视在 1948 年被首次引入。但在最初的几年中，它只是让电视播放站能够覆盖电视播送区域以外的观众，因而不过是对无线电视的一种补充。有线电视公司会在自己的天线上接收播放信号，并用电缆将这些信号转送给各个家庭。大多数观众仍然接收当地播放站的无线信号，但有些观众还补充了只能经由电缆接收的其他播放站。起初，较大播放站增加播放范围只是在相邻社区中的局域播放站之间引发

---

   * Auctionomics 是保罗·米尔格罗姆在 2007 年与 Silvia Console Battilana 共同创办的咨询公司，主要从事大型拍卖设计，并为不同产业中的投标者提供咨询（维基百科）。——译者注

了竞争，但随着时间的推移，播放的模式发生了变化。在 1976 年，第一家不基于任何地方局域播放站的有线网电视台（特德·特纳的超级电视台，WTCG）开始运营。随着更多的观众开始使用有线电视，且这个系统中有了更多的播放站可供使用，观众对房顶上的天线和电视机上的"兔耳朵"的依赖越来越少，甚至对地方性节目的依赖也变少了。后来各种卫星电视公司进入市场，与有线电视公司展开竞争。到 2012 年，约 90% 的美国家庭拥有来自有线或卫星电视信号，极大地减少了只依赖无线播放的观众数量。与此同时，第二种力量也在起作用，它还减少了电视广播公司对频谱的需求，这就是数字电视技术的开发。这种新技术使电视广播公司能够只用一小部分 6MHz（兆赫）带宽向用户发送高清电视信号，这种 6MHz 带宽最初被留出来发送较老式的标清电视信号。多余的带宽主要用于播放只有少数人观看的其他电视台，这部分频谱中的很大部分可以在损失有限经济价值的情况下转作他用。

就在无线电视播放的价值趋于下降的时候，频谱出现了新用途。2007 年苹果手机的推出是一个分水岭，因为它使人们对无线互联网服务的需求出现了爆炸式增长，而这很快就导致适于传送无线数据的无线电频谱的短缺。2012 年，美国政府宣布重新配置其他用途的频谱，以清理出 500MHz 带宽用于无线互联网，这是一个巨大的频谱容量。

无线电视播放曾惯用两种不同的频率范围，即 VHF（甚高频），最初对应于第 2 ~ 13 电视频道，以及 UHF（超高频），最初用于第 14 及以上的电视频道。⑤UHF 广播频道使用的频率远高于 VHF，而且，在过去的模拟播放时代，更有价值的是 VHF 频道。而现在，UHF 频道，尤其是那些位于 600 ~ 700MHz 之间的频道，它们对于向各种移动设备传输无线数据更有价值。较低频率的信号在传送上优于较高频率的信号，其覆盖更长的距离，更易于穿过树木、雨滴以及城市写字楼的厚墙等障碍物。更低的频率很少适用于移动数据，这既是因为它们需要有较大的天线，而这很难安装到移动设备中，也是因为很低的频率会受到真空吸尘器和厨房搅拌机之类设备的干扰。要向较广的地域范围播送信号，600～700MHz波段是可用无线波段中最有价值的"海景房产"（beach-front property）。

恰如在前面讨论过的土地再配置实例，对无线电频谱的重新配置，需要细分和重组旧的产权组合以创造出更适于新技术的产权组合。在讨论土地配置时，我专注于一个简单的概念模型。在此模型中，买家只关心他们拥有的土地，但实际情况要复杂得多。住宅地块的所有者或许在意其邻居的音乐音量不要太大，邻近的剧院和俱乐部能提供足够的停车位以免乱停车且能吸引守法的顾客，社区公园的大小适于居民的数量，等等。那些钉子户在意的不仅是拥有和使用自己的地块，还关心邻近地块的结构和活动。

在无线电频谱的配置中也会出现类似"好邻居"这样的问题。例如，一部正在运行的手机距离一台正在接收无线电视信号的电视机仅仅几英尺的情况。就像一个人调节嗓音以使听众能听到他说话一样，电话听筒也会调节传送信号的强度使之抵达信号塔，并在信号塔较远时调高信号强度。就电视而言，如果电视机远离电视发射塔，就只能收到较弱的信号。当电话听筒发送较强的信号时，电视就面临挑战，这就好比一个人在邻居大声奏乐时努力倾听房间内较远处传来的声音，也就是说，很强的电话信号会使电视机无法"听到"电视广播信号。干扰还会以相反的方式发生，即一个很强的电视信号盖过了邻近频率上的一个电话信号，使电话无法"听到"由信号塔发给它的信息。对这样的问题，工程上的解决办法是安排好频率配置，使电话信号和电视信号绝不使用相邻的频率。要做到这一点，需要将所有的电视信号置入一组相邻的频率，将移动电话的信号置入另一组相邻的频率，并使第三组频率（大部分）闲置，从而在电视用途和移动用途间起到"防护频带"的作用。

一个与之相关的挑战是，下传信号（由信号塔传送到电话或其他设备的信号）有可能干扰上传信号（由设备传送到信号塔的信号）。如果电话远离信号塔，则下传信号可能很弱，而一部电话的向上传输，因需要提高强度以抵达信号塔，就可能盖过邻近频率上的某个下传信号。在北美和欧洲，对这个问题的解决办法是对向上传输和向下传输采用分立的频率，并伴有一个防护频带，即一组频率，使之不用于上传或下传以及任何可能发生冲突的服务。

这种组织不同用途的无线电频率的方式，在不同用途之间设置防护频带，使人联想起好的土地使用政策，其中商业部分、工业部分和居住部分，以及街巷、公园和农村地区经常在不同用途之间起缓冲作用。如同土地上一旦起了固化的结构就很难改变一样，一旦电话和电视等消费类设备已四散分布，且无线发送部分被调定在特定频率上运行，而电视播放站和信号塔已经落成并按规定使用特定的频率，对频谱的使用就很难改变。使变更用途的问题进一步复杂化的是，对于要在全国甚至全世界都可使用的移动设备而言，必须在不同地理区域中为移动通信提供相同的频率。

比我们的土地实例更复杂的是，无线频谱工程中的这些特点使协调大批潜在买家和卖家的频率占用变得至关重要。如果为了给某项无线移动服务腾出空间，一家在纽约占用了第 41 频道的电视播放站就要关闭或移走，为了使频谱得到有效利用，在托皮卡、圣迭戈及美国其他城市中的第 41 频道上的电视播放站也必须同时关闭或移走。并且，如果无线服务需占用一组相连的频道，而第 41 频道正好位于这组频道的中间，就需要同时在第 40 频道和第 42 频道上同步做出兼容变更。此外，为了标准化许可权，并使它们基本上可以互换，这种"频带计划"还要求在任何许可权的上传信号和下传信号之间设置诸如 40MHz 的固定频率间隔（fixed separation of frequencies）。而这同样要求在较远的频率之间进行占用协调。最后，防护频带虽未被任何服务占用，却必须使它们都能够为任何服务所用，这是需要有人来提供的，且其成本也要以适当的方式分担。

在法律上不可能要求电视台放弃其播放权，这引发了另一层面的难题。对那些选择不出让其播放权而是继续播放的电视播放站，要把哪些频率（频道）分配给它们呢？为了回答这个问题，在为联邦通信委员会的播放权激励性拍卖所做的市场设计中激发了若干最重要的创新。

在给定一个播放站发出的电视播放信号能被 200 英里外的用户的天线捕捉到的情况下，向电视播放站分配频道是特别棘手的，这是因为两个相距达 400 英里之遥的播放站仍有可能干扰彼此的信号。因此，例如向纽约市的电视播放站分配频率，就限制了在康涅狄格州和新泽西州的分配，而这又会限制邻近城市里的分配，并最终遍及全美大陆甚至加拿大和墨西哥。

图 1.8 描绘了这种复杂的交互作用。这是一幅美国和加拿大地图，

并用一个节点代表一个电视的位置。如果两个电视播放站不能分得同一频道（通常是因为它们在地理上过于接近），就有一段弧线连接两个节点。这个弧线网表明，在美国和加拿大，几乎所有的电视播放站至少是通过一系列弧间接地连在了一起；在决定频道分配时，没有任何一个电视播放站或地区是孤立的。每一个频道分配都取决于分给邻近播放站的频道；而这又要取决于分配给后者邻居的频道，等等。这幅干扰图中，密西西比河以东的部分尤为密集，而在洛杉矶和圣迭戈的频道分配还要受制于保护墨西哥播放站免受种种干扰的条约要求。

图 1.8　美国 UHF 电视播放站中的同频道干扰链示意图

播放站频道分配的最优化，即使对一台高速计算机来讲，也是非常困难的。实际上，仅仅核查一下使某一组特定播放站同时开播的可行性，即决定是否有什么办法把频道分给各播放站又不造成干扰，就是一个很难的计算问题，它类似于数学家所说的某种"图着色"（graph-colo-ring）问题。这个计算难题是影响市场设计的一个重要因素，所以让我们考察一下频道分配问题和图着色之间的关联。

在数学中，一个图就是一对集合，它们分别被称为"节点"和"弧"。在其中，每段弧都由其连接的两个节点标识。要想理解这样一种数学抽象如何应用于电视频道分配问题，让我们权且想象一下，分配频道面临的仅有约束条件是可用频道集的有限性，以及一个被称为"同频道禁入约束"（cochannel constraints）的限制，它规定，两个在物理上彼此过于接近的播放站不能被分配到相同频道上。

图 1.8 展现了用于美国激励性拍卖的同频道禁入约束，该图叠加于美国大陆和加拿大部分地区的轮廓之上。图中的每一个圆点都代表广播电视的一个播放站，它是该图中的一个"节点"。每一条线段都是一段"弧"，它代表一对播放站，这对播放站在不产生无法接受的广播干扰时，就无法被分配到同一电视频道。数学上的图着色问题如下：给定一个有限的颜色集合（此处的颜色代表电视频道，如第 18 频道或第 30 频道），是否有可能给每个节点分派一种颜色，从而使任何一对由一段弧连接起来的节点都是不同颜色的？图着色法仅靠同频道禁入约束就对频道分配问题做出了精确的考虑。不过，实际问题中还有一些其他的约束条件，我不在本书中详细讨论。[6]因此，同与之对应的图着色问题相比，实际的频道分配问题有着更复杂的结构。

对图着色特性的描述至关重要的原因在于一个计算机学科分支得出的研究结果。该分支被称为复杂性理论，其揭示了某几类计算的难度。即使在理论上，图着色问题的计算也非常困难。计算理论方面的新手深受摩尔定律的影响，该定律预测处理器在速度上会持续地每两年提高一倍。他们可能以为，计算机目前尚难以处理的所有计算问题都会很快变得易于处理。他们或许在想，我们只需稍待片刻，因为计算机总在变得更快。新手思维预料不及的恰恰是，一些看似不起眼的计算问题会有多难，以及随着问题规模的增长，这种难度会上升得多快。例如，请设想我们面对一个图着色问题，它有 $C = 10$ 种颜色，N 个节点，以及 A 段弧。我们想要知道，给这些节点着色时是否有什么办法能满足所有的约束条件。给第一个节点分配一种颜色有 10 种方法，而对 N 个节点中的每一个来讲，又都有 10 种方法给第二个节点分配颜色，并以此类推。因此，在给这些节点分配颜色时就有 10^N 个不同的方法组合。请设想一下，在 1965 年摩尔首次表述他的定律时，就已经能够用一天的计算时间求解 $N = 200$ 个节点的图着色问题。过了半个世纪后，如果计算机的速度每两年提高一倍，那么现代计算机就比 1965 年的计算机要快 3 300 万倍以上，这是一个巨大的进步。然而对图着色来讲，这只是意味着用一天的计算时间，现在能做到的是求解 $N = 207$ 或者 $N = 208$ 的问题。因为，那样的规模表明，要加以核查的可能组合达到了 1 000 万倍和 1 亿倍以上。在实际的频道分配问题中，N 约为 2 400 个，因此即使摩尔定律继续适用，要使计算机快到可以在一天之内核查完这项应用中的所有可能性，仍需另外增加 4 万年以上的改进。

有的读者可能会指出以上分析中的一个假设，即我已假设每个节点都需要分别核查。也许该读者会正确地说，有几类大型计算问题其实非常简单：通过采用某种巧妙的算法，略过大多数无关可能性，将注意力直接放在某个有趣的小子集上，就能快速地求解这类计算问题。我们怎么知道在图着色问题上不存在这样的算法呢？

这个问题的答案依托于计算机学科复杂性理论的一个深奥结果。复杂性理论提供了一种方法，将计算问题按难度分为两个等级。一个是被称为"P"的易处理问题等级*，另一个是被称为"NP 完全"问题（NP - complete problems）**的较难等级。对前一类问题，存在一定的算法，确保即使在较大的问题上也能很快找到解；对后一类问题则不存在这样的算法。图着色问题就属于 NP 完全类等级的问题。计算机学科中的一个标准假设就是"P≠NP"。若果真如此，就意味着对每一种算法来讲，在任何 NP 完全级别中都存在一些扰乱算法的问题，导致其求解时间，即使相对于问题的规模来讲，也非常长。⑦在任何情况下，对于任何 NP 完全问题，包括图着色问题，都不存在公认的快速算法。对所有已知算法而言，恰似在我们对摩尔定律的分析中那样，求解时间都会随问题规模的增大而呈指数增长。频道分配问题是十分困难的。

美国和加拿大已同意在频谱再配置问题上相互协调。由于这两个国

---

* 在计算机学科的复杂性理论中，P 级是复杂性的一个基本等级，它包括靠某种确定性图灵机、运用一种多项式的计算时间量求解的所有决策问题。根据科巴姆 - 埃德蒙兹理论（Cobham-Edmonds thesis），P 级计算问题是能"有效解开"或"易处理"的问题（维基百科）。——译者注

** 在计算的复杂性理论中，如果在技术意义上一个计算问题在某复杂性等级中属于最难（或最突出）的问题，它就"完全属于"该复杂性等级。要给出定义且广为人知的首要全属级别就是 NP 完全（NP - complete）。这里的"NP"代表"非确定性多项式时间"（nondeterministic polynomial time）。NP 完全问题的最突出特点是，对这类问题的快速解（fast solution）一无所知。也就是说，用目前已知的任何算法来解这种问题所需的时间会随问题规模的增大而极快地上升。结果，是否能够快速地解开这类问题，是当今计算学科中一个主要的未决问题（维基百科）。——译者注

家中大致有 3 000 个电视播放站，约有 270 万个逻辑约束限制着播放站的电视频道分配。一个典型的约束具有以下两种形式之一：要么是"不可能同时做到把播放站 A 分配到频道 X 和把播放站 B 分配到频道 Y"，要么是"播放站 A 必须被恰好分配到第 14 频道至第 Z 频道中的一个频道"。受制于如此多约束条件的频谱资源配置，例证了将基于价格的市场解带入复杂资源配置问题面临的挑战。新古典经济学理论无视一种可能性，即有些最优化问题对于担当者乃至最快速的计算机来讲都可能是超高难度的，而我们已看到，无线电频谱配置涉及的正是这样一个问题。不难想象，即使最快速的计算机，要找到一种最优的航班起降点配置可能也是极难的。研究在实际上不可能实现最优化的情境中如何利用价格引导资源配置，是一个新的研究前沿，它要求有新的思路。

为克服这些挑战而发展起来的市场设计包含若干已被讨论过的元素。首先，在 2012 年，国会澄清了电视播放站在使用无线播放频率上的含混权利。它明确，有些类型的播放机构有权在不增加干扰的情况下继续播放，但未必在其当时正使用的频道上。⑧为了说明这一点，请设想联邦通信委员会要从电视广播中清出第 38～51 频道，且还要将这些频率用于移动无线服务。在这种情况下，为了给新的宽带用途让路，可能会要求使用第 49 频道的播放站调整播放安排，转用第 22 频道。法律允诺，政府会在该法令设定的总量范围内支付该播放站的调整成本，并做出"一切合理的努力"以确保该播放站在调整之后覆盖的观众集与之前相同。

要想运营一个成功的市场，对播放站的权利所做的这一规定是至关重要的细节。它在某种程度上类似于土地所有者的权利，因土地所有者的产权要服从国家征用权。在这种情况下，公平补偿的对等物是一个不同的播放频道，以及为使用新频道而调校传输设备产生的成本提供现金补偿。

为了凸显这一细节的重要性，请设想另一种情况，即播放站有权在相同的特定频道上继续播放。在这一假想情境中，若有效率的频谱重组要求在第38～51频道上清空所有的播放活动，那么全国每个城市里正在使用这些频道之一的众多播放机构中，每一个机构都有能力打破这种再分配。可能的结局是，要么使这种转换的代价高得难以承受，要么导致"频谱钉子户"的情形——有些播放站使用的频率在地理上和频率上陷于移动无线用途的包围中。这样的频谱钉子户会造成棘手的工程设计问题，引发巨大的价值浪费。

这种资源配置中的固有复杂性给市场设计带来了另一个重要挑战，即市场规则的过度复杂化会阻碍人们的参与。即使国会已创立了明晰而有用的产权，但播放站的所有者可能仍会发现，在这样的情境中，任何市场设计都有种种令人困惑的元素。当播放站必须决定在一次出售其播放站的拍卖中开价多少时，可能也很少有人（如果有的话）准确地理解拍卖者会如何决定接受哪些报价。政府对任何一个播放站的估价都取决于所有其他播放站的报价，但并非仅取决于此。它还取决于一种复杂、难懂的计算。这种计算，即使对最快速的计算机来说也是难度极高的。而播放站的所有者，即使在该市场结束之后也没有能力核查这种计算，遑论理解这种计算了。鉴于这种不完备的理解，播放站的所有者在任何一场转让谈判中，该为其播放站索价几何？

播放站在做这种计算上的无能为力至关重要，因为在一个竞争性的电视频谱市场中，任何单个播放站对有意出售它的所有者而言，其价值会恰好略低于其出售价；而对于无意出售它的所有者而言，其价值会恰好略高于其出售价。这意味着在竞争性市场中，拍卖后对播放权的出价会接近于拍卖价。对不确定要价多少的播放站所有者来讲，索要高价或完全静观拍卖会是可行的选择。如果政府希望大多数播放机构都参与进来且不索要极高的价格，那么就有机会清出很多频谱，这就需要鼓励播放站所有者，让他们轻松且放心地参与拍卖。后面我们将看到，在激励性拍卖的最重要创新中就是针对这种设计挑战的解决方案。

还有一些其他的新挑战使这种激励性拍卖不同于以前的无线电频谱拍卖。在过去的拍卖中，出售的许可权数目永远是根据政府卖家有能力提供的频谱量预先订好的。相反，在激励性拍卖中，总交易量取决于买卖双方的报价，即取决于供给和需求。根据联邦通信委员会的说法，它向新用户出售许可权的拍卖被称为"正向拍卖"（forward auctions），而从既有用户处收购许可权的拍卖被称为"反向拍卖"（reverse auctions）。稍后我们会看到，在正向拍卖过程中，报出的价格是递增的，就像在易趣网这类网站上的拍卖和拍卖行中的现场拍卖一样；而在反向拍卖过程中，报出的价格是递减的，因为投标者要靠降低其要价来竞争。

在激励性拍卖中，出清数量取决于移动电话和数据公司在正向拍卖中对移动宽带许可权的需求，以及各播放站在反向拍卖中提供的电视台许可权供给。在教科书的市场中，要发现市场的出清价格和出清数量，要靠供给曲线和需求曲线的相交来找出一个价格，在此价格上买家想要购买的数量与卖家想要出售的数量相同。但在激励性拍卖中，事情并非如此简单。

第一个问题是计算供给曲线。当一个电视播放站出售其广播权时，并不自动地为移动宽带创造出任何可用的许可权。能被创造出来的宽带权利数是复杂计算的结果，这种计算的投入中包括了具有购买权的整个播放站。即使确定用一组特定报价清理一组频道的可行性，也是一个NP完全问题，因此在计算上具有挑战性。找出供给曲线的难度更大，因它需要确定清理足够多的播放站以建立一批宽带许可权所需的最低成本。

计算需求曲线要比计算供给曲线简单一些，但仍然比一般教科书所说的要难。这里的问题是，新的宽带许可权不只有一个价格，而是不同地域的许可权有不同价格，它包括覆盖大城市中心区和覆盖城郊地区的许可权，以及其他覆盖乡村地区的许可权。要在全国出清相同的频道，就必须在每个区域中售出同样数目的许可权，而其中的每一项权利都会产生不同的价格。这些价格的总和代表了买家就任何特定数量的可出售频谱的总报价（即"需求曲线"）。这一价格必须足以支付所有必须购买播放权、调校各播放站的成本，以及整个系统的某些其他成本。

在我们的几个实例中，激励性拍卖应用是最复杂的。它兼具多个方面，不仅需要在不同种类的物品之间实施多项需要协调的交易，还需要就新电视频道的分配做出种种其他辅助性决策；导入价格以指导决策对激励性拍卖至关重要，它须深思熟虑地分配产权以使国内某地的某个播放站既受到保护，又不赋予其阻挠有价值的重组的权力，它要面对一种复杂得令人生畏的计算问题，等等。

最后一个，也是许多经济学家极感兴趣的问题是，为什么这是一个属于政府的问题？为什么不仅赋予播放机构与之前所述的相同权利，而且通过拍卖向"频谱财产开发商"出售重组频谱的独占权利，包括要求各播放机构移入新频道的权利？毕竟，谋求重组旧城市土地所有权的再开发机构常常让民间主体扮演重要角色。是否有任何令人信服的理由说明，为什么在这种频谱协调问题上，最好是政府机构，而不是民间主体？

也许，由政府机构组织这种激励性拍卖的唯一最令人信服的优势在于，在这个过程中，会牵涉很多法律问题和政治决策。对于须切换至新频道的播放机构来讲，做出"一切合理努力"保存其覆盖范围意味着什么？如果一个播放机构，失去了例如 0.5% 的观众，算得上损失很大吗？如果该播放机构通过新频道获得了新的观众而另有获益，答案还是一样的吗？对这些问题的回答会影响产权，也会影响对获益和损失的评估。创建某种政治和行政程序有其巨大优势，各利益相关方能在此程序中提供有意义的投入，并有机会既维护其自身利益又能避免法庭延期的昂贵代价。除电视播放机构和无线运营商的利益以外，重新分配频谱权利还影响着种种利益。对于防护频带的大小和位置也须做出决策，因为它要被用来分隔无线系统中的上传信号和下传信号，还要把电视播放从无线用途中分离出来。此外，防护频带还适用于许多低功率但很有价值的非特许用途，像无线微型话筒或家用 Wi-Fi 系统。出于公共政策的原因，鼓励移动宽带产业的竞争或者保护某些电视播放站（例如服务于某些少数族群的电视台）可能也是有价值的。出于所有这些考虑，政府机构在无线频谱重组方面拥有超越民间协调者的重要优势。

在后文，我要就本书其余部分的内容给出一个预览。而在本章的末尾，我引用了一份附录，以解释 2016 年联邦通信委员会激励性拍卖的总体结构和许多设计细节。它还报告了那次拍卖的初始阶段，因为本书出版时，那次拍卖尚未完成。

1.4　站在巨人的肩膀上

本书建立的拍卖市场设计理论的智识渊源是 20 世纪 50 年代和 60 年代初出现的三方面研究。第一个方面由肯尼斯·阿罗和莱昂纳德·赫维茨首创，它关注依托拍卖的价格系统的稳定性。这一研究将有关互替品作用的重要理念引入了分析，他们的方法由亚历山大·凯尔索和文森特·克劳福德（Alexander Kelso and Vincent Crawford）在关于类拍卖的劳动力市场（auction-like labor markets）的研究中推入新的方向。第二个重要方面是基于威廉·维克里的原创拍卖理论研究，探讨了为拍卖参与者诚实参与拍卖过程提供激励，从而促进有效结果的可能性。最后是乔治·丹齐格（George Dantzig）开创的研究脉络，它专注于极难计算问题的近似解。我在书中将所有这些研究汇集在一起呈现。开始时，我从专业视角回顾这些贡献以便凸显我所基于的想法，然后说明如何将这些思想组合起来解决市场设计问题并指向新的运用。

本书的分析方法具有独特的经济性，因为它聚焦于价格、互替品和互补品在经济系统中的作用。许多非经济学者倾向于认为，当某种活动被判定为有害时，聪敏的做法是一禁了之。但这很可能是非常错误的。任何活动都不是在真空中被选定的，对一种活动的禁令有可能导致出现其他的替代以实现相同的目标。它还可能导致丢弃互补性活动。要想评

第 1 章 导论

价某一拟议法规，需要研究拟议替换措施（互替品）是什么，以及它们对各种支持性活动（互补品）会有什么影响。例如，对燃煤电厂排放的担忧可能导致人们想要禁止这些电厂。但是，这样的禁令好不好可能要取决于多种因素，如代替那些燃煤电厂的会在多大程度上是较清洁的燃气电厂还是某些污染更严重或更危险的电厂，或者削减电力使用能抵消多少污染。所有这些都是可能的互替品。评价是否、何时以及如何实施这样的禁令还要着眼于对互补品的影响，包括煤炭开采业、它提供的就业，以及围绕它们而形成的社区。

绝大多数经济学理论都在处理简单模型，其中价格本身就能引导有效率的经济决策，但这样的结论极少能准确适用于复杂系统。如书名寓意的那样，本书的主要部分旨在讨论价格引导决策的适用范围。当存在其他复杂约束使价格独木难支时，或者当供给和需求间较宽松的平衡力有不逮时，价格能作为较大系统的一部分而切实发挥作用吗？例如，如果我们想要飞机在飞入机场时不坠毁，那么有一个空中交通控制者，由他跟踪各个航班并引导飞行员，肯定要比仅在空域可能拥堵的时段里设定高价更好！

即使在价格本身不足以引导可靠而有效率的资源配置时，经济学理论中的关键概念——互替品和互补品——仍然常常有助于分析经济系统。例如，在为一个机场规划航站楼和跑道的容量时，从每小时旅客量的角度考虑这些设施的承载能力是有意义的，尽管一个机场能管控的所有航班面临多重复杂约束，而这样一个简化概念并不能完全反映这些约束。而且，即使客运量并非同质商品，按接待的客运量定价仍能对机场容量的有效利用起到很好的作用。与此相似，在无线电频谱的配置上，

价格的发现

无线电干扰方面的约束条件都相当复杂，要想在一个城市中多加一个电视播放站，通常只能通过在该城市或与之邻近的某城市中减少一个播放站来实现。这样的播放站都是"近似互替品"（approximate substitutes）。由于这一特性，尽管给播放站配置电视频道是极为复杂的问题，但为每一个频道或每一个播放站设定价格可能是找到近似有效率解的良好指南。

在有些分析中，互补品也可以是一个重要的组成部分。在清理无线电频谱时，不同城市的播放站往往是互补品。因为，建立有价值的新宽带许可权需要在全国范围内清空另一个频道，而这又常常需要在各个不同城市中另购播放站。互补品市场有可能比互替品市场难办得多，且可能需要更大的计划和协调。与此相似，要为一架飞机安排起飞计划，也就要为一架飞机早一个小时在同一机场降落安排计划（以便有飞机可用）。许多实际约束条件展现了这种简单的互补性。后文将会出现的一个主题就是，与利用市场价格引导涉及互补品的决策相比，设法利用市场价格引导涉及互替品的决策要更容易，也更有效。

即使理论上存在引导资源有效率配置的价格时，找出这些价格的实践问题仍会令人望而却步。通常情况下，为任意资源设定正确价格所需的信息散布在该资源的众多供给者和需求者当中。并且，对每个人来讲，这种信息都是私人持有的。只有航空公司才清楚，将其在芝加哥的航班着陆时间改为早于理想时点一小时会有多少损失；只有电视播放站才清楚，如果放弃无线频道，改用其他技术（包括有线传输和卫星广播、互联网传送，或与某邻近播放站共享频道），它还能为观众有效服务到什么程度。

找到这些价格的最好途径通常是某种形式的拍卖。本书研究拍卖和其他基于报价的机制，以说明如何能发现价格，并利用其引导资源配置。

如前所述，当物品是或者几乎是互替品时，拍卖是最有效的。在第 2 章，我们将在前文讨论的基础上，介绍物品为互替品时如何通过拍卖确定价格的理论。第 2 章从两个角度研究互替品。它探讨阿罗 – 赫维茨理论中的严格互替品（exact substitutes）和与之密切相关的凯尔索 – 克劳福德劳动力市场理论。在前一种理论中，假设物品是可分的；而在后一种理论中，劳动者只能为一家企业工作，即他们都是"不可分的"。该章还探讨"背包问题"和丹齐格的"贪婪"逼近算法（"greedy"approximation algorithm）。其中，只要物品是可分的，它们就是互替品。凸显这一互替品特性的拍卖会产生价格，这些价格就是决策活动的良好指南。

第 3 章回到拍卖理论的基础，研究维克里拍卖，并特别注意物品为互替品的情形。总体而言，维克里拍卖的与众不同之处在于它能选出有效率的结果并具有反谋略性。在互替品的情况下，它还总能找到在适度的"竞争性"价格，从而拍卖者就不需要为其购取之物支付太多。第 4 章研究当维克里拍卖所需计算的难度过高时，对这些理念的扩展，尤其是计算方面、激励方面和投资方面的理念如何在联邦通信委员会 2016 年的激励性拍卖中融为一体。第 5 章总结了我的阐述，提出了一些新的应用以及我分析提出的新问题。

第1章附录　关于联邦通信委员会激励性拍卖的报告

联邦通信委员会的激励性拍卖始于 2016 年 3 月 29 日的东部时间下午 6 点。对于电视播放机构来讲，若希望参加这场拍卖，并就让渡其频谱权利做出有法律约束力的承诺，以换取该拍卖提供的起拍价，这个时点标志着最后的截止期限。

该激励性拍卖的主要步骤如下：

A1. 电视播放机构的初始承诺

在本章中，我聚焦于 UHF 电视播放站所有者的一个选项，即让出他们所有的权利、停止无线播放以换取现金偿付。但在实际拍卖中，播放机构让出播放权还可换取多种其他选项。一个 UHF 电视播放站可以让渡其 UHF 许可权以换取由现金和原属地一项 VHF 许可权构成的组合。其中的 VHF 波段既可以是"高频"部分，也可以是"低频"部分；前者标记为 HVHF，后者标记为 LVHF。或者，现有的 LVHF 播放站或者 HVHF 播放站可以在拍卖中让渡其权利，为以前的 UHF 播放站腾出空间。该拍卖系统，如下面介绍的，设定很高的起拍价，依靠竞争使起拍价降至合理的竞争水平。

在做出初步承诺之前，每个播放站都会评估联邦通信委员会为每一选项公布的起拍价，并确定其认为可接受的选择（如果有）。为鼓励各播放机构的参与，起拍价通常都被定得很高，远高于拍卖者预期的播放站所值。

细节。每个播放站的起拍价都由公式确定。该公式设定的价格与属于该播放站的价格指数成比例。一个播放站的价格指数等于 $(XY)^{0.5}$，其中 X 是该播放站服务区域内的总人口，Y 是该播放站有可能与之干扰的其他播放站的数目。将 X 纳入计算使联邦通信委员会能为那些地处人口密集区域的播放站标出较高价格以鼓励它们参与，但又不会把成本提得太高以致阻碍任何交易的发生。纳入 Y 则是为了优先清理那些特别难以被纳入新频道分配的播放站。对那些同意停止无线播放的播放站，起拍价格的总额达到了惊人的 1 200 亿美元。而对切换至 HVHF 播放或 LVHF 播放的选项，初始价格分别为停止无线播放建议价格的40%或75%。

VHF 波段由第 2 ～ 13 广播频道构成，它使用的频率都低于 UHF 波段，通常被认为在电视播放上不如 UHF 波段好。激励性拍卖为 LVHF 波段和 HVHF 波段标出不同的价格。现有的 VHF 播放机构也能参加。HVHF 播放机构可以开价出让其权利以换取现金，或者换取现金和某 LVHF 频道许可权的组合。LVHF 播放机构则可以标价出让其权利以换取现金。

A2. 为第一阶段设定清理目标

激励性拍卖的任务之一是确定有多少频道应继续用于 UHF 电视播放，有多少应转入移动宽带用途。如下面更详细介绍的那样，这个拍卖过程始于设定一个非常高的总量目标，即有可能被清理的最大频道数。如果必要，在其他阶段，这个频道数会减少。为了决定从哪里启动这个过程，联邦通信委员会利用了来自初始承诺的信息。它做了一项计算，如果联邦通信委员会最终接受所有参与拍卖的播放机构提出的让渡要约，那么在全国的范围内能够得到的可供移动宽带使用的最大频道总数是多少。联邦通信委员会认为它也许能够清理出126MHz的电视频谱，即21个UHF电视频道。

这一计算确定了最初的清理目标，并意味着可用于无线UHF电视播放的电视频道会减少21个，但能够向宽带供应商标价出售的频谱仍显不足。因为，在这部分频谱的上传用途和下传用途之间、在电视播放和移动宽带用途之间，以及围绕第37频道（它被留给了射电天文学和医学遥感），都需要建立防护频带，而在减去这些防护频带所需的带宽之后，会剩下100MHz的频谱供移动宽带使用。

细节。在设定实际目标上涉及的最优化是很微妙的。尽管理想的方法是要在全国各地都有相同的频率可用，但将这一目标强加为约束条件会太过局限。例如，沿墨西哥边境运营的条约限制代价都特别高，严重限制了在人口稠密的圣迭戈地区清理许多频道的能力。在其他区域，通过处于防护频带中的频率向一个电视台审慎分派播放权，能在少量减损宽带服务的情况下实现近乎完美的清理。对这种拍卖的设计允许在待售许可权上有少量的减损。据信受到显著减损的许可权则被视为另类拍卖品，将按较低价格出售。在实际计算中，圣迭戈地区的初始清理目标只涉及用于宽带服务的50MHz频谱。在标价出售的宽带许可权中，由防护频带中的电视播放造成的减损影响了不到1%的全美人口。

A3. 反向拍卖投标

设定了初始清理目标之后，购买电视播放权的反向拍卖就可以开始了。在美国的有些地区，愿意让渡其权利的播放站比实现清理目标所需的播放站还要多。反向拍卖是一种价格递减拍卖。在拍卖中，只要政府无须为实现当时的清理目标而收购那些权利，这些播放站就会以相继下行的价位标售其播放权的方式，在一系列回合中彼此竞争。当不收购一个播放站就不可能实现清理目标时，该播放站的价格就停止下降。因此，原则上，每一单个播放站都能有一个不同的价格。

2016 年 5 月 31 日举行了第一轮反向拍卖。当为实现这个清理目标而举行的拍卖结束时，对实现该初始清理目标的所有播放站报出的总价格为 862.2 亿美元——虽低于起拍价，但仍是大数额。该拍卖的后续阶段都伴有更低的清理目标，在拍卖结束之前会导致更低的价格。

细节。初始清理目标被设定为等于能用所有参与播放站的投标加以清理的最大频道数。尽管在美国的有些地区，投标可能会多于达到清理目标之所需，但该目标还是确保会有一些其他地区的拍卖者仅通过从所有发现让渡要约的播放站那里购买权利就可达到预定目标。在那些区域，各播放站并不面临竞争，因而价格绝不会从很高的起拍价下降。如果有很多这样的地区，第一阶段的反向拍卖投标就会以许多播放站得到的报价是起拍价而结束。

A4. 正向拍卖投标

在正向拍卖中，移动宽带供应商为购进频谱中特定频率的占用许可权而竞争。电视播放许可权各自都包含一段位于某特定频率中的 6MHz

価格的发现

带宽，而这个频率又覆盖了播放设备能服务到的区域，尽管如此，移动宽带许可权仍然大不相同。每一项许可权都被赋予在特定频率中将 5MHz 频谱用于上传信号，将 5MHz 频谱用于下传信号的权利：每项许可权总共需要 10MHz。美国被划分为 416 个"局地经济区"（partial economic areas，PEAs），这些经济区小于以前某些拍卖中许可权使用的传统"经济区"。每个局地经济区都可以将每项许可权指定为一类许可权或者二类许可权。就一类许可权而言，那个局地经济区的总人口中不能有多于 15% 的人居住在该项许可权无法服务到的区域内（因与有些电视播放相干扰）。在拍卖提供的许可权中，约有 97% 属于一类许可权。其中约有 99% 的许可权为零减损，即它们的服务能抵达区域中的全部居民。剩下的许可权都是二类许可权。对于正向拍卖来讲，投标者竞标的并非某一特定许可权，而是一种"套品"，即一组可以用局地经济区和类别描述的许可权。

理论上，正向拍卖和反向拍卖可以同步实施。但在实践中，这么做对联邦通信委员会的操作要求会过高。工作人员需要管理和监控正向拍卖和反向拍卖，要举办种种讨论会并训练投标者运用软件，回答投标者的许多问题，并确保所有用于注册、安全和投标活动的系统运行良好。要为如此复杂的拍卖做这一切，并在两套相当不同的规则之间切换注意力，是非常有挑战性的。正向拍卖只在反向拍卖结束之后才开始。正向拍卖中的投标活动始于 2016 年 8 月 16 日。

正向拍卖在一系列回合中进行。它是一种"时钟拍卖"（clock auction），即拍卖师会为每种套品指定单独的价格，而投标者报出他们所需的数量作为回应。任何需求超过供给的套品，价格都会上升，而投标者对任何套品的需求削减都必须大到使需求少于供给的程度。当对任何套品都不再有超额需求时，正向拍卖结束。

这种拍卖结构好似 19 世纪法国经济学家里昂·瓦尔拉斯讲过的"试错摸索"（tatonnement）过程，即对各套品来讲，价格上升或下跌取决于对每种套品的需求是超过还是低于该套品的供给。影响最突出的差异在于限制投标者可报数量的约束。对投标者的约束如下：

第一，对当时价格未上升的套品，投标者可能不会削减其需求量。这有助于确保对每一件套品的投标都是一次严肃的报价，从而增进拍卖的诚信度。然而，如我在后面几章中进一步描述的，如果一个投标者认为不同的许可权不是互替品，这一规则就能阻碍他直接进行投标。

第二，任何投标者都不得在回合更替中提高其总活跃度（活跃度规则，activity rule）。这排除了一类策略，即投标者在认真投标之前等着看价格如何变化，所以它在一定程度上保证拍卖至少在其最初的几个回合中以最小的步幅推进。[9]

第三，在拍卖的第一回合中，投标者的活跃度受限于他提交的预付现款保证金。预付保证金有助于确保投标者最终支付其投标的价格，否则就要处罚，包括没收提交的保证金。

细节。在有关拍卖的经济学理论中，对拍卖品束（lot）和套品的设计是最受忽略的问题之一。联邦通信委员会在这方面的选择至少对这类问题中的某些方面是有启发性的。那些覆盖局地经济区的许可权就是基于各利益相关方的意见而采用的折中方案。有些公司，尤其是农村的电话公司，希望它们投标竞购的许可权能用于改善城市周边区域中的服务，同时又无须自己购买服务于城市的频谱。相对较小的局地经济区使这一希望成为可能。然而，由于有些先前被售出的许可权覆盖了较大的"经济区"，而有些公司又想要强化它们在既有区域中的服务，就有必要界定这些区域以使一批区域能合并成为一个完整的经济区。

这种拍卖中的一项重要创新是"有条件预留"（conditional reserve）。如后面解释的那样，要使这种拍卖成功，联邦通信委员会需要在正向拍卖中筹得足够收入以支付反向拍卖的费用。但是，联邦通信委员会还想防止最大在位者几乎全数购进这部分高质量频谱，借此躲避竞争。解决办法就是有条件预留规则。按照这条规则，在正向拍卖的收入达到某个阈值之前，所有投标者都以平等的地位参与投标。而在正向拍卖的收入到达阈值之后，如果某些"预留的合格投标者"打算收购某个局地经济区中的许可权，则其中的有一些许可权就不能供该区域中的在位供应商收购。那部分许可权将变成该拍卖中的一件套产品，只许合格投标者投标。这条规则的目的就在于通过竞争筹集足够的收入，不允许无线播放市场中的在位者躲避竞争。

有条件预留规则受到很多批评。其中，美国电话电报公司的顾问推荐了一种特殊的组合投标（combinatorial bidding）。我在本书后面介绍的维克里拍卖就是一种组合拍卖，而其他的设计也可以很有吸引力，当待售的拍卖品束不是互替品时尤其如此。在激励性拍卖中，尽管互替品条件看上去不太可能完全成立，但仍有理由认为它可以近似地成立，且没有证据表明它严重失灵。所以，主张要有某种新奇、复杂的组合式设计的理由太弱，不足以动摇决策制定者。

一项得到实施的创新是采用"回合内竞标"（intra-round bidding）。

在一个无回合内投标的多回合竞标中，一个投标者，若上一回合之后在获胜的价位 P 上对某套品的需求是 4 个单位，他就可以指定，在有可能高出 5% 的下一回合价位上将其需求减至 2 个单位。而回合内投标则与此不同，该投标者可以指定，他要在那个回合的过程中按某些中间价位减少其需求。例如，当价格上升了 2% 时，他可以将需求减至 3 个单位；当价格上升了 4% 时，他可以将需求减至 2 个单位。在概念上，当每种套品的需求都降至恰好等于供给时，该拍卖算法就会停止价格的上升。实际的价格设定算法还包含另外一些微妙之处，因为减少其对某套品需求的投标者也许有条件增加他对另一套品的需求。

A5. 终段规则及追加阶段

一旦设定了清理目标并完成了反向拍卖和正向拍卖，就可以比较收益和成本。如果来自正向拍卖的收益满足了某个最低绝对标准，且如果这些收益高到足以支付由反向拍卖决定的清理播放机构的成本，则整个过程结束。这一决定原则被称为"终段规则"（final stage rule）。

与此相反，如果收益不足，就缩减清理目标并启动另一个拍卖阶段。在实践中，最初的清理目标是 21 个频道（及每个局地经济区中的 10 个正向拍卖许可权，一共覆盖 100MHz 的频谱带宽）。如果需要有第二阶段，则对于联邦通信委员会实际拍卖的第二阶段来讲，清理目标就会是 19 个频道（以及 90MHz 的正向拍卖许可权）。各后续阶段的清理目标将进一步减少。

在新的拍卖阶段，价格和配置都始于前一阶段的停止处。第一阶段的价格都是联邦通信委员会能据以购进足够播放权以清理 21 个频道的价格，但在后续的各阶段，联邦通信委员会再也不需要清理这么多的播放站，就可以降低其报价。在降低的价位上购买较少的播放站从两个方面压低了价格。与此同时，在正向拍卖中，供给会减少，但价格会继续上升。

A6. 延展回合

有可能的是，当正向拍卖中的投标活动终结于某个清理目标时，价格低得无法满足收益目标，但差得不多，比如不到 20%。可以想见，与其进入价格更高、许可权更少的另一阶段，该阶段的获胜投标者宁可看到拍卖价格上升以实现当下阶段的清理，也不愿意坐等价格上升而可售频谱量减少的另一回合。"延展回合"（extended round）被用来命名一个追加的时钟拍卖回合。在延展回合中，价格可以有最高 20% 的升幅以实现市场出清。如果投标者选择继续随价格上升对当前的许可权数量投标，则当前阶段就能变成最后阶段，而当前的清理目标也就得以实现。

A7. 频率分配回合

在正向拍卖和反向拍卖中，就算一度满足了终段规则并确定了获胜者，最终的配置仍未完全确定。主要原因是，每一类别中的许可权并未指明各无线宽带公司将要占用的实际频率。有些投标者也许会对频率分配有偏好。例如，有效率的网络运营要求在一个局地经济区中具有多项许可权的载波（carriers）应在相邻频率上也拥有许可权；并且，一个在相邻局地经济区中拥有相同频率的单个载波（single carrier）还可以具有多重效率。运营商有时会担心谐波（harmonics），由于某些系统在非相邻频率上工作，因此倾向于某些频率。

在分配频率回合（assignment round）中会考虑所有这些偏好。正是在此过程中，投标者通过一系列回合，就其在他们已是胜者的每个局地经济区中希望购得的频率组合进行投标。这些频率分配规则确保每一个获胜者在每个局地经济区中都会分得相邻的频率，并且，在频率分配回合中做出的报价会决定最终的频率配置，它与在拍卖中的其他回合确定的最终套品分配是一致的。

在反向拍卖之后，为了决定对播放机构的频率分配，还有工作要做。在拍卖过程中使用的算法只是保证有一些可行的办法将剩余播放站分配到频道上。但在拍卖之后，仍需要决定播放站对频道的最佳分配。分配的主要目标是将调校播放站的成本最小化，而实现这一目标的途径之一，就是允许有些播放站继续在拍卖前的频道上播放。

在本书将要付印之际，联邦通信委员会的激励性拍卖已完成了第二阶段。在这个阶段中，清理目标从126MHz广播频谱和100MHz无线频谱被缩减至114MHz广播频谱和90MHz无线频谱。在这场拍卖结束前，还会有一些清理目标更低的后续阶段。

对激励性拍卖的这种描述凸显了各种标准经济学模型和拍卖市场设计实践之间的差距。本章的一个核心论题，即每一种套品都可以与众不同，出现在先前的几处描述中。

价格的发现

• 在出售移动宽带许可权的正向拍卖中，套品被分为两类，分别对应于干扰超过或低于15%的情况。请注意，此类拍卖并未试图将套品多样化以使它们恰好具有相同的干扰程度。为了部分弥补这一点，拍卖时纳入了频率分配回合，以允许投标者变动一个类别中的各单项许可权的价格。但是，频率分配回合的作用更多。因为即使当干扰程度其实并无差异时，投标者对覆盖相同地域的两组许可权的估价可能仍要取决于三个方面，即它们是否占用了相邻频率、它们占用的频率与该投标者在相邻地域中拥有许可权的频率是否相同，以及若该同一投标者运营着非相邻频率，则它们的谐波是否会干扰对这些非相邻频率的有效利用。

• 在反向拍卖中，每个播放站都被视为独一无二的。每个播放站都有自己的价格，其依据是每个播放站的特点，以及就其可以分得的不对其他播放机构造成干扰的频道所做的一种复杂计算。

在联邦通信委员会的设计中不太显眼的是套品（或曰拍卖中的拍卖品束）设计决策，它们在经济学理论中甚至鲜有提及。这些决策在前面的描述中是见不到的，因为当这个过程开始时，那些产品都已经被定义。对于在激励性拍卖背景中做出的这种决策，此处有两个例子。

• 在正向拍卖中，标价出售的宽带许可权都是"成对许可权"，因它们都提供了两个频率，一个用于从播放设备到蜂窝基站的上传信号，另一个用于从蜂窝基站返回播放设备的下传信号。这个结构对于具有"频分双路复合"（FDD）无线技术的用途来讲是很理想的，但不适合与之不同的"时分双路复合"（TDD）技术。* 这一技术应用于中国和日本，它在短脉冲中交替收发上传信号和下传信号，并不需要也不能很好地利用分隔的频带。2009 年英国对 L 波段频谱（1452MHz ~ 1492 MHz）的拍卖纳入了不同技术间竞争的可能性，增加了拍卖设计的复杂度。

- 在反向拍卖中，UHF 播放站必须完整地放弃其播放权利以换取补偿，补偿方式要么是现金，要么是现金和一项 VHF 许可权的组合。一个替代方案是允许拍卖师向一个播放机构收购其他权利。例如，播放机构可以接受对其无干扰播放区域的某种削减并得到补偿。拒绝这一替代方案的理由包括它对投标者而言的复杂度，以及它所需的更高的计算复杂度。

---

* 双路复合通信系统是一种点对点的双向通信系统。这里的"双路复合"（duplex）在字面上是指两条通路，即同一共享通信媒介上含有两条清晰定义的信号通路，其中每一条通路只传送一个方向上的信号。所谓"频分双路复合"（frequency division duplex，FDD）是指信号的发送和接收分别依托于不同的载波频率。与之相对的"时分双路复合"（time division duplex，TDD）则是用时分多路复合通信技术分隔信号的发送和接收，从而在半双路复合通信系统上仿真了全双路复合通信功能（维基百科）。——译者注

第 2 章

（近似）互替品、价格和稳定性

正规的经济学理论都是数学化的。它明确地列出基本概念（不用其他概念来定义的概念），并引入符号代表那些概念，用符号精确陈述其种种假设，最后导出一些逻辑含义。本书中的新内容都属于这一意义上的正规经济学理论。为了将这种新理论纳入一个背景框架，我们也回顾了一些比较旧的理论，但并不深究所有细节，而是做一些诠释性的解说。读者可以在各种标准的经济学教科书中找到那些未被提及的细节。

新古典均衡理论代表我们这套新学说最重要的起点。那套理论强调了市场出清价格在支持资源有效率配置上的作用。其最重要的假设是：每个消费者都只关心他自身的个人消费，以及每个厂商的产出都只受其所用资源的限制。该理论的主要发现被概括为如下三条定理：

● 福利经济学第一定理认定，与竞争性均衡一致的任何资源配置都是符合帕累托效率的。这意味着，受某消费者较多偏好的任何可行资源配置都较少受另一消费者偏好。按照经济学的标准，我们用未加修饰的"效率"一词表示"帕累托效率"。

● 竞争性均衡存在定理确定了能保证竞争性均衡结果存在的充分

条件。我们不会在此探讨这些条件，但我们的模型要考察，在一组更契合我们所议问题的不同假设下，类似的结论是否也可以成立。

● 福利经济学第二定理认定，在竞争性均衡存在定理所确定的相同条件下，任何有效率的配置都是对应于某种产权配置的竞争性均衡配置。

这些享有盛誉的定理，对亚当·斯密在其 1776 年的著作《国富论》中首次非正规地提出的一些核心理念，给出了漂亮的正规解说。斯密此书的部分背景是这样一种想法，即随着封建主义的衰落，再无领主指挥劳动者，一个人将如何得知该种地、钉马掌还是裁缝服装？而竞争性均衡存在定理则称，只要找到正确的价格，每种产品都会有人供应正好足够的数量以准确地满足需求！福利经济学第一定理还表明，如果能找到某些价格，就会导致某种符合帕累托效率的结果。也就是说，这种配置在很特殊的意义上是非浪费性的：某个消费者偏好的任何其他可行配置都一定较少受另一消费者偏好。因而不可能靠重新安排生产和分配使所有消费者都获得境遇改善。福利经济学第二定理则进一步指出，如果有人也许基于分配或公平的考虑而偏好一种不同的有效率结果，那么从理论上讲，重新安排不同消费者的所有权份额，就有可能使市场结果符合这个受偏好的结果。

尽管这些定理成就不俗，但它们也留有许多未解之谜。它们未说明，在一个分权化的经济系统中，竞争性均衡价格如何才能成为主流，乃至成为唯一的价格。如果存在很多市场出清价格，该理论能够做出的预测就相应地变弱了。

价格的发现

　　亚当·斯密在其最初的解说中提出过一个机制，它导致了理论的进一步发展。斯密的想法可以用现代术语表述如下：如果对一种商品的需求超过了它的供给，生产者就会发现自己可以提价，而提价同时会削减需求并鼓励生产者制造更多的该商品。不过，改变一种商品的价格还可以影响对另一种商品的需求，因此这个动态过程将如何完全实现并非一目了然。它会引致使所有市场都出清的价格吗？是否存在唯一的此类价格向量？瓦尔拉斯在其首次出版于 1874 年的著作《纯粹经济学要义》（*Elements of Pure Economics*）里，用公式阐释了竞争性均衡理论中的主要问题。被纳入其分析的是他称之为"试错摸索"的过程。在这个过程中，伴有过度需求（需求减供给的结果为正值）的商品，其价格会上升；而伴有过度供给（需求减供给的结果为负值）的商品，其价格会下降。

　　1959 年，阿罗和赫维茨在这项研究上取得了重要进展。他们研究了全互替品（gross substitutes）的情形，其意思是提高一种商品的价格绝不会减少对另一种商品的需求。他们证明，在这样的情形中存在唯一的竞争性均衡价格向量，且无论初始价格如何，这种瓦尔拉斯式的试错摸索型价格调整过程都会引导价格变化，使之最终收敛于唯一的市场出清价格。

　　在市场设计问题中，目标不是要为经济体中的所有商品定价，而是要为构成一个市场的各种商品子集定价。对于此类问题，阿罗－赫维茨分析设定的背景过于宽泛，而关于瓦尔拉斯式试错摸索过程的理念，需要在保持所有其他物品价格不变的情况下，用一个仅针对某商品子集的拍卖过程使之收敛并取而代之。在下文用模型体现的这种拍卖中，相关物品的价格都从低点起步，从而每种物品都存在过度需求。其中的直观想法是，当一种物品存在过度需求时，其价格会被竞相抬高，所以该模型假设在这种情形下价格会上升，恰如在瓦尔拉斯式试错摸索过程中那样。

2.1　新古典模型中的互替品、价格和稳定性

如前所述的，由于此处的焦点在于市场设计，所以我省略了阿罗－赫维茨原始模型中的某些方面，即所有物品的价格都可变，以及所有物品都是互替品。这一省略的代价是丧失了存在唯一的市场出清价格这一结论。不过，如图 2.1 所示，许多方面依然保留，且阿罗和赫维茨提出的理念对拍卖分析具有重要启示。

图 2.1 展示了一个假设的世界。其中，一种物品——被称为"计价单位"——扮演着特殊的角色。它被用作表示价格的单位。例如，价格可以用黄金的盎司或者小麦的蒲式耳表示。为了使该图易于驾驭，在我们假设的世界中，除了作为计价单位的物品外，只包含两种其他物品，分别为物品 1 和物品 2。在一个原始经济体中，它们可以是小麦和玉米。而在一个更先进的经济体中，它们可以是两个不同频率的无线频谱带宽量。图中所示的两种物品的逻辑可以被扩展至任意的更多种物品。在后面，我允许每种物品的净需求可以取决于双方的价格。例如，若小麦的价格上升了，消费者就可以购买较少的小麦和较多的玉米。无论如何，我都假设严格的需求法则有效。也就是说，每种物品的净需求都是随价格上升而递减的。之所以会发生这种情况，是因为小麦价格的

上升会推动买家购买较少的小麦，或者推动卖家供应更多的小麦，或者
两种情况同时出现。

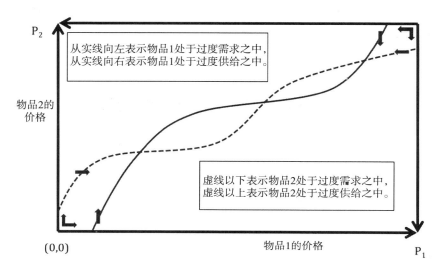

图 2.1 当物品都是全互替品时，拍卖的变动指引价格从（0，0）向上
移向低价位竞争性均衡，或者向下从（P_1，P_2）移向高价位竞争性均衡

图 2.1 的两个坐标轴表示这两种物品的价格。图中展现了两条曲
线。实线代表物品 1 在需求等于供给时的价格组合。由于净需求是严格
递减的，在该实线右侧的点上，物品 1 处于过度供给之中；而在该实线
左侧的点上，物品 1 处于过度需求之中。在该图中内嵌了一个假设：在
过度需求和过度供给之间的边界线上，净需求恰好等于零。

对图中虚线有类似的解释。在低于该虚线的点上，存在对物品 2 的
过度需求；在高于该虚线的点上，存在对物品 2 的过度供给。为了简
化，假设这两条曲线都是连续的。

除了需求法则外，这一分析还采用了另外三个假设，它们限定了两

条曲线的范围和形状。首先，当价格充分接近零时，低价位的物品存在过度需求。因此，实线在正价位上触及横轴，而虚线在正价位上触及纵轴。其次，每种物品的价格达到图中的最高价时，该物品极其昂贵，以致存在过度供给，也就是说，当按计价单位来看价格变得足够高时，要么买家停止购买，要么卖家增加供给。由此，实线触及方框的上边界，而虚线触及右侧边线。根据这些假设，这两条曲线显然一定会在某些地方相交。在公式化表述中，这一结论是介值定理（intermediate value theorem）的一个结果。这两条曲线相交的点正位于这两条曲线上，因而它代表一对价格，在该价格上的任何一种物品都既无过度供给，也无过度需求。在这些价格上，两种商品的供给都等于需求。

第三个假设是，非计价单位物品都是全互替品。这导致了图 2.1 的一个特性，即两条曲线都向上倾斜，永远不会向下倾斜。结合需求法则的假设，即提高物品 1 的价格就会减少对该物品的净需求，只有在物品 2 的价格同样上升时，物品 1 的价格上升才可能使物品 1 的净需求为零。这解释了实线何以向上倾斜，而与之对称的论证则适用于虚线。

全互替品条件是许多市场设计问题的合理条件。例如，在一个咖啡豆市场中，提高肯尼亚咖啡豆的价格很可能增加对卢旺达咖啡豆的需求，因为买家会用较便宜的咖啡豆替换较贵的咖啡豆。不过，也有众多非互替品的例子。例如，如果飞往火奴鲁鲁的民航班机票价变得更贵了，就可以预见，对夏威夷酒店的需求会下降。航班和酒店是互补品，因为购买其中之一的旅行者通常也购买另一个。还有更多的可能性。有些物品在一种价格范围内看上去像是互替品，但在其他价格范围内却像是互补品，即物品 1 的价格上升对物品 2 的需求的影响并不是单调的。

例如，汽油价格提升至某个水平有可能增加对节油轿车的需求，但油价的进一步显著上升则可能引导消费者增加拼车行为或更多地利用公共交通，而这又会减少对各类轿车的需求。

图 2.1 整合了上述假设，也阐释了我们的主要结论。第一个结论是，我们已经提到过的，任何两条具备上述特性的曲线必然会相交。所以，一定存在至少一对价格，使两种物品在这对价格上同时实现供给等于需求。在图 2.1 中，存在三对这样的价格。[①]

第二个结论是，在这些市场出清价格向量中，有一个向量在每个坐标上都是最低的，还有一个向量在每个坐标上都是最高的。实际上，每一个市场出清价格向量都位于实线上，且该实线上的所有点都是从最低到最高排序的，因而最低的相交点两个分量一定都是最低的。[②]

第三个结论涉及在一个分权化的市场中价格如何动态演变，以及与之相关的是，在一个多套品拍卖中价格如何演变。

在试错摸索过程中，如同阿罗和赫维茨描述的过程那样，价格 $P(t)$ 作为时间函数而连续变化。请设想，两种物品的价格都从低位起步（在图 2.1 中的左下角），然后我们考察价格会如何演变。由于两种物品都处于低价位上，两者都有过度需求，所以两者的价格都开始上升。在此价格调整过程中，如果价格抵达实线，则对物品 1 的过度需求为零，从而价格至少暂时停止上升。这表明价格 $P(t)$ 绝不可能越过实线，同样，也绝不可能越过虚线。在 $P(t)$ 抵达两条曲线上的最低相交点之前，价格只会上升，不会停下来，那个点就是最低的市场出清价格向量。我们需要添加一个假设以确保这个过程不会减速太多以致踟蹰不前，但这样一来的结论就是 $P(t)$ 会单调收敛于最低的市场出清价格向量。

当这两种物品价格都在高位起步时，比如从图 2.1 的右上角起步，类似的分析仍然适用。那时，价格向量 $P(t)$ 单调向下收敛于最高的市场出清价格向量。

在脑海中想象市场设计时，这种分析意味着，当物品都是互替品时，价格只朝一个方向变动，即单调向上或者单调向下的拍卖能够定位市场出清价格。在价格递增拍卖中，两种物品的价格都从低位起步，且每种物品的价格在该物品有过度需求时都逐步递增，因而这种拍卖能抵达最低的均衡价格向量。同样，在价格递减拍卖中，两种物品的价格都从高位起步，且每种物品的价格在该物品有过度供给时都逐步下降，因而这种拍卖能抵达最高的均衡价格向量。

总之，我们在这一节中的发现认定，根据前文所述的各个假设（需求法则适用；低价位上存在过度需求，高价位上存在过度供给；非计价物品都是全互替品），下列结论成立：

- 存在市场出清价格向量。它们是导致每种物品的过度需求为零的价格向量。

- 在诸多市场出清价格向量中，有一个最低的市场出清价格向量，其特性为，每一物品的价格都不高于任何其他市场出清价格向量中的对应价格。还有一个最高的市场出清价格向量，类似地其特性为，每种物品的价格都稍高于任何其他市场出清价格向量中的对应价格。

- 价格递增拍卖在模型中被表述为一个连续过程。在该过程中，每种物品的价格都从低位起步，且只有当该物品处于过度需求状态时，才有某种正的价格增长率。该过程单调向上收敛于最低的市场出清价格向量。类似的表述也适用于从高价位起步且存在过度供给时价格递减、然后收敛于最高市场出清价格向量的拍卖。

2.2 离散物品中的互替品、价格和稳定性

虽然最初的阿罗－赫维茨模型假设物品都是可分的，但前面介绍的分析在展开时只使用了一幅价格图，未提及有关物品可分的任何假设。有人也许会问：这个论证中用到了可分物品假设吗？如果用到了，那么对诸如轿车和房屋之类的不可分物品，相同分析的某种版本还能适用吗？

要回答第一个问题，请回忆一下，我们曾假设，物品的需求是其价格的严格递减函数。这不可能适用于以离散数量出售的物品，且这意味着，过度需求为零的点集通常不是一条曲线。如果讨论的物品是一栋房屋或者另一种不可分物品，则使其需求等于供给的价格集经常表现为"粗的"（thick）曲线，因为在价格变化时，需求有时必须保持不变。此外，还存在边界问题：当一种物品的价格上升从而其需求量非连续地下降时，比如说从一单位降为零单位时，必然会有某些价位在消费者看来恰好是无差异的。比如某种夏威夷度假套餐，会有某个理性消费者愿意支付的最高价，但在这个价位上，该消费者也会同样开心地转向另一种度假选项。当有可能出现两种选择对消费者而言都为最优的情况时，需求就再也不可能靠一个单值函数准确表示了。

如后面论证的，尽管这些技术性差异都是现实的，但它们对主要结论并无大碍，而且只要对上述分析及主要结论做一些适度攻动就能适应

这些差异。尽管我们为适应这些差异而导入的细节引入了一些经济学上的表面差异，但前述分析中的核心思想还是基本不变。

凯尔索和克劳福德（1982）首次探索以这样一种方式将该理论扩展至离散数量的物品。他们构建了一个劳动力市场模型，其中，需求的对象不是物品，而是一个有限集合 I 中的劳动者。他们假设，劳动者不可能在诸企业之间分配他们的时间。需求来自一个有限集合 J 中的商务企业。每家企业都力争根据劳动者能够满足企业需要的程度以及成本高低来雇用劳动者。我在这里用的数学模型紧密地依托于凯尔索和克劳福德的模型。

让 W 表示一组任意企业在雇用任意劳动者时可提供的可能工资，即可能的工资集。一个劳动者通常会关心两个方面，即雇用企业的身份和付给他的工资。若给定企业身份，劳动者对工资永远就高不就低。在数学表达中，一份合同就是一个三维体 (i,j,w_i^j)。它规定了劳动者 i 和企业 j 的身份，以及企业 j 将付给劳动者 i 的工资 w_i^j。我们用符号 $\varnothing_i$ 表示劳动者 i 不为任何企业工作的情形。为便于分析，我们将事件 $\varnothing_i$ 称为一份合同，所以，可能的合同集就是 $(I \times J \times W) \cup \{\varnothing_i \mid i \in I\}$。

此后列举可能的工资是很方便的，所以我假设集合 W 是有限的。因此，每个劳动者 i 都可以将注意力集中在随其参与就业市场而来的 $|J| \times |W| + 1$ 份可能合同：他可以按工资 $w_i^j \in W$ 受雇于一家企业 $j \in J$，或者可以继续失业。我们假设，每个劳动者都能对这些替代项严格排序：任何两份可能合同对他都不是无差异的。我们说，对劳动者 i 来讲，如果他严格地选择一份合同而不要 $\varnothing_i$，那份合同就是可接受的。

与劳动者类似，企业也关心两个方面，即他们雇用员工的身份以及他们须支付的工资。但与劳动者不同，企业能够缔结若干合同以雇用多名劳动者，且他们可能关心员工的组合。例如，一家百货店可能想要聘用一个售货员和一个美容师，以及一些可胜任这两种工作的劳动者。总体而言，企业偏好地制定合同集。给定企业 j 能考虑的成对劳动者 – 工资这个有限集合后，还会存在有限数量的子集，因此我们可以既合理又方便地假设企业在任意两个子集之间绝非无差异。尤其是，对给每个劳动者设定一笔工资的任意可能工资向量 W，每个企业 j 都能识别要雇用的唯一最佳劳动者集合 $D^j(w)$。在企业的劳动力需求上，一个更关键且更具限制性的假设是，劳动者都是全互替品。在非公式化表述中，提高一个或多个劳动者 k 的工资，绝不会降低该企业对另一个工资不变劳动者 i 的需求。而在公式化阐述中，该限制可表述如下：

定义

如果对所有的 $w^j \in W^I$，$k \neq i$ 且 $w'^j_k > w^j_k$，有 $i \in D^j(w^j) \Rightarrow i \in D^j(w'^j_k, w^j_{-k})$，则劳动者对企业 j 都是全互替品。[③]

2.2.1　与阿罗 – 赫维茨模型的比较

写出 $W = \{\hat{w}_1, \cdots, \hat{w}_N\}$ 并按升序给这些工资编号：$\hat{w}_1 < \cdots < \hat{w}_N$。

为便于和阿罗 – 赫维茨模型相比较，我们还要在模型中引入另外两种工资。其一，$\hat{w}_{N+1} > \hat{w}_N$，高到没有任何企业会支付，但任何劳动者都会接受；其二，$\hat{w}_0 < \hat{w}_1$，低到没有任何劳动者会接受，但任何企业都愿意提供。这两种工资分别类似于本章前文所讲的极高价格和极低价格，对前者而言永远存在过度供给，对后者而言永远存在过度需求。我

们用 $\overline{W} = W \cup \{\hat{w}_0, \hat{w}_{N+1}\}$ 表示这个扩展的工资集。

对我们的正规分析（formal analysis）来讲，可以方便地用函数 n 和函数 p 表示高一档工资（next higher wage）和低一档工资（next lower wage）。它们的定义如下：$n(\hat{w}_m) = \hat{w}_{m+1}$（后一档工资，由工资 $\overline{W}$ 中低于 $\hat{w}_{N+1}$ 的工资定义），$p(\hat{w}_m) = \hat{w}_{m-1}$（前一档工资，由工资 $\overline{W}$ 中高于 $\hat{w}_0$ 的工资定义）。

2.2.2　匹配的定义和符号标识

为描述劳力市场的结果，我们引入匹配的概念。在非公式化表述中，这只是合同 C 的一致性集合，其中，每个劳动者 i 最多有一份合同。若在劳动者 i 和企业 j 之间存在一份集合 C 中的合同，我们就说，i 被匹配给了 j，并用 C^j 表示与企业 j 关联的合同集。与此相应的正规表述如下：

定义

1. 一个匹配就是一个合同集 C，从而（ⅰ）对每一个劳动者 i，都至少存在一份合同 $(i, j, w_i^j) \in C$；（ⅱ）如果没有这样的合同，则 $\varnothing_i \in C$。（这样，对每一个劳动者，C 中都有一个与之对应的元素。）

2. 如果 $(i, j, w_i^j) \in C$，我们就说，劳动者 i 和企业 j 在 C 中得到匹配。

3. 如果在 C 中有 $\varnothing_i$，我们就说，i 在 C 中未得到匹配。

4. $C^j \stackrel{def}{=} \{(i, j', w_i^{j'}) \in C \mid j' = j\}$。

我们还采用下列定义，并伴有对应的非公式化陈述。

价格的发现

定义

1. 如果（ⅰ）劳动者 i 严格地偏好 (i,j,w_i^j) 而非 $(i,j',w_i^{j'}) \in C$，（ⅱ）存在某合同集 $S \subseteq C^j \cup \left\{(i,j,w_i^j)\right\}$，从而 j 严格地偏好 S 而非集合 C^j，则匹配 C 就被合同 (i,j,w^j) 封占（is blocked）。

2. 以下两个条件中若有任何一个成立，匹配 C 就是非稳定的：

   a. 存在某个 $(i,j,w_i^j) \in C$，从而要么（ⅰ）劳动者 i 偏好 $\varnothing_i$ 而非 $(i,j,w_i^j) \in C$，要么（ⅱ）企业 j 偏好 $C^j - \left\{(i,j,w_i^j)\right\}$ 而非 C^j；或者

   b. C 被某劳动者 – 企业 – 工资三维体 (i,j,w_i^j) 封占。

3. 匹配 C 若不是非稳定的，就是稳定的。

对于定义 1，非公式化的表述是，如果 i 和 j 都严格偏好签订某份合同，而非被动接受由匹配 C 规定的合同，则该匹配就被一对劳动者 – 企业 (i,j) 封占。对劳动者而言，这个相关条件是相当简单的：它是指劳动者 i 偏好的不是该匹配规定的合同，而是另一份替代合同。但对于企业来讲，这个条件更微妙，因为公司必须考虑，如果它与劳动者 i 签订了拟议合同，则公司必须考虑如何处理其他合同。在该定义中，企业 j 要考虑究竟是（ⅰ）与劳动者 i 签署另一份合同，同时还保留一部分或全部的其他合同，从而它签署的是一组合同 S，还是（ⅱ）拒绝与劳动者 i 的拟议合同，只保留由匹配规定的合同集 C^j。

对于定义 2，非公式化的表述是，有两种途径使匹配成为非稳定的：它有可能被某未获满足的劳动者或企业拒绝，或者有可能被一对劳动者 – 企业封占。当某个劳动者 i 发现他（或她）的合同是不可接受

的，从而宁可失业也不愿意与企业 j 签订合同时，就会出现第一种情况。它也可能发生在这样一种场合，即某个企业 j 宁可不要劳动者 i 并凑合接受一个较小的劳动者集合也不愿意接受与 i 的这份合同。第二种情况是，如前所述，这样的匹配有可能被一对劳动者 – 企业封占。如果该匹配在这两种情形的任何一种上都不是非稳定的，它就是稳定的。

2. 2. 3　与阿罗和赫维茨的联系

稳定匹配和市场均衡之间的联系就隐藏在我们已描述的这个标准中，因为这两种阐释看似差异极大。在市场均衡中，决策由个人做出，而且如果某人想要买卖的东西比规定的更多或与规定的不同从而改变其需求，那么某一价格和配置就无法检验该均衡。如前文阐述的，某个匹配，有可能被一对劳动者 – 企业而非某一个人封占，从而是非稳定的。如何才能调和这两种看似不同的方法呢？

从非公式的角度看，调和涉及两种思路。第一种思路是用一种新方式描述稳定匹配条件的特征。在我们的非公式化处理中，让我们只关注最有问题的部分，即描述封占合同（blocking contract）的特征。要使一份包含劳动者 i 和企业 j 的封占合同存在，各当事方必须能够找到某种工资，使最终合同受到双方的偏好。将这个条件调转过来，如果有某种工资 w_i^j，其数量是企业 j 不愿支付而劳动者 i 却非它不可的，就不可能存在任何包含劳动者 i 和企业 j 的封占合同。这个阐述把证明不存在两个当事方都可接受的工资这一问题转换为另一个问题，即找到能满足刚才所述条件的工资。

第二种主要思路是，用更多的价格（工资）而非仅用双方实际所

签合同中的价格（工资），以重构我们对市场结果的描述：也就是说，我们将所有其他成对劳动者 – 企业的工资也都包括进来，以描述那些从未得到匹配的成对劳动者 – 企业中曾被提出和拒绝的要约的特征。为了做到这一点，我引入了增广匹配（augmented matching）概念 (w, C)。其中，C 是一个匹配，而 $w = (w_i^j)_{i=1,\cdots,|I|}^{j=1,\cdots,|J|}$ 规定了那些未曾涉及的工资。我要再次强调，这里包括的工资不只属于那些得到匹配的成对劳动者 – 企业，而是属于每一对劳动者 – 企业的全部工资。

我们先导入这个正规的理念，然后做非公式化讨论。

定义

1. 增广匹配是一对要素 (w, C)，使得 $(i, j, \bar{w}_i^j) \in C \Rightarrow w_i^j = \bar{w}_i^j$。

2. 一个增广匹配 (w, C) 具备下列条件，它就是稳定的：

    a. 对每个企业 j，都有 $D^j(w^j) = \{i : (i, j, w_i^j) \in C^j\}$，

    b. 若 $\varnothing_i \in C$，则 i 宁要 $\varnothing_i$ 也不要 $\{(i, j, p(w_i^j)) \mid j \in J\}$ 中的每个元素，

    c. 若 $\varnothing_i \notin C$，则 i 宁要 $(i, j, w_i^j) \in C$ 也不要 $\{(i, j', p(w_i^{j'})) \mid j' \neq j\} \cup \{\varnothing_i\}$ 中的每个元素。

在第一个定义中，如已讨论过的，增广匹配 (w, C) 通过纳入适于所有成对劳动者 – 企业的工资，扩展了标准的匹配概念。但此处仍需注意，因为 C 已经包括了得到匹配的成对劳动者 – 企业的工资。增广匹配定义中的"使得"条件要求两种工资规定必须一致。

第二个定义使前面描述的直觉想法正规化了。在非公式化阐述中，它是说，若某增广匹配明确，每个企业 j 都将在通行工资条件下聘用其

最喜欢的劳动者，而每个劳动者，在假设未与之匹配的其他企业都不愿意支付 w_i^j 工资的情况下，都将选择其最喜欢的合同，则该增广匹配就是稳定的。

尽管稳定匹配和稳定增广匹配的稳定性定义在形式上相当不同，但它们是密切相关的（请回忆以下符号标识 $\bar{W} \stackrel{def}{=} \{\hat{w}_0, \cdots, \hat{w}_{N+1}\}$）。

命题 2.1

当且仅当存在工资 $w \in \bar{W}^{|I| \times |J|}$ 使得增广匹配 (w, C) 是稳定的，匹配 C 才是稳定的。

证明

请设想某匹配 C 是稳定的。我们必须证明，未得到匹配的成对劳动者 – 企业的工资存在，使得 (w, C) 是稳定的。对于未在 C 中获得匹配的任意劳动者 – 企业配对 (i, j)，令 w_i^j 是其最低工资，从而劳动者 i 偏好 (i, j, w_i^j) 而不要他的匹配合同（它可以是与另一家企业 j' 的合同或者 $\varnothing_i$）。由于引入了 $\hat{w}_{N+1}$，这一工资的存在是有保障的。该增广匹配 (w, C) 是稳定的，因为（ⅰ）该定义中的条件 2a 因 C 中没有封占的劳动者 – 企业配对而得到满足，（ⅱ）通过构造 w 满足条件 2b 和 2c。因此，每个稳定匹配 C 还都是某稳定增广匹配 (w, C) 的一部分。

反过来，设想 (w, C) 是一个稳定增广匹配。我们必须证明 C 不是非稳定的，即在非稳定性定义中的条件 2a 和条件 2b 都未得到满足。条件 2a 未得到满足是因为 (w, C) 的稳定性意味着 C 中的任何受雇劳动者

i 都偏好合同而不要 $\varnothing_i$，且每一家企业分得的全部劳动者都是从 C 中索取的。条件 2b 也得不到满足，是因为 (w,C) 的稳定性意味着在任何涉及 i 和 j 的封占合同中，工资都必须满足两个矛盾的条件：它必须同时至少是 w_i^j（被劳动者 i 偏好）且不超过 $p(w_i^j) < w_i^j$（被企业 j 偏好）。

下一步就是描述一个出清劳动力市场的拍卖程序，并考察该程序在类似于阿罗和赫维茨所用的全互替品条件下会如何导致稳定增广匹配 (w,C)。

2.2.4 对出清劳动力市场的拍卖做非公式化描述

非公式化地讲，在我们描述的过程中，每一个劳动者都对自己实施价格递增拍卖，以招徕企业竞拍他的服务。在普通商品拍卖中永远是开价最高的竞拍者获胜。但我们此处描述的拍卖不同，拍卖师是在乎买家身份的劳动者，因后者将成为他们的雇主。因此，我们的劳动者拍卖师选择胜者的根据是其最偏好的合同，而不单纯是最高的工资报价。为避免问题复杂化，我们的拍卖规则规定，在每个竞拍回合 t 中，企业 j 只能向劳动者 i 提供一种工资，我们用 $w_i^j(t)$ 表示。毫无疑问，在拍卖的某一回合中，企业可以选择不向任何特定劳动者提供新报价。因此，$w(t) = (w_i^j(t))_{i \in I, j \in J}$ 描述了各企业考虑要在回合 t 中提供的工资。

工资向量 $w(t)$ 描述各回合拍卖的进展，其方式与阿罗－赫维茨模型中描述市场演化的价格向量 $P(t)$ 非常相似。阿罗－赫维茨模型也有差异。在旧的模型中，物品都是可分的；价格在一定区间内可以是任意数值；且试错摸索式的价格调整过程被表述为时间上的连续进程。而在这个拍卖模型中，所有这些方面都以不同的方式呈现。劳动者都是不可分的，只能要么为一家企业干，要么不为任何企业干；价格（工资）

被限制在一个特别的有限集合内；且拍卖都发生在一系列离散的回合之中，恰如下例中说明的那样。

拍卖始于第 1 回合，对所有 i 和 j 有 $w_i^j(1) = \hat{w}_1$：企业在第 1 回合中只考虑最低的可能报价。在每一回合 t 中，每家企业 j 都按照当时允许的工资在其最偏好的集合 $D^j(w^j(t))$ 中向劳动者发出，而对于不在其偏好集合中的劳动者则不发要约。因此，在任何回合 t 中，有些劳动者获得了多份工作要约，有些只获得一份工作要约，而其余的则没得到任何工作要约。

在获得要约后，每个劳动者都要评估所有面向自己的要约，要考虑工资和要约企业的身份。他会运用自己的偏好排序，拒绝所有在偏好上劣于失业的要约。如果在那之后仍有任何要约留存，他就会抓住最好的并拒绝所有其余的要约。在回合 t 结束时，每家企业都得知它的哪份要约遭到了拒绝。如果劳动者 i 拒绝了企业 j 的要约，则 j 在下一回合中的可能工资报价就会提高一档，即 $w_i^j(t+1) = n(w_i^j(t))$；否则，对下一回合的可能报价会与当前回合保持不变，即 $w_i^j(t+1) = w_i^j(t)$。

2.2.5 公式化表述

每个劳动者 i，在其可能的合同 $\{(i,j,w_i^j) \mid j \in J, w_i^j \in \bar{W}\}$ 上，都被赋予一种完整的、可传递的、非对称的双值偏好关系。在这里，非对称性是指劳动者在任何两两各异的合同之间都不是无差异的。在确定了企业的情况下，劳动者还偏好更高的工资：如果 $w_i^j > w_i^{\prime j}$，劳动者 i 肯定偏好 (i,j,w_i^j) 而不是 $(i,j,w_i^{\prime j})$。

价格的发现

为了解释这个分析,我们可以认为每个企业 j 的合同集合为 $\{(i,j, w_i^j) \mid i \in I, w_i^j \in \overline{W}\}$,而它的可行合同为该集合中的一个子集 S,而企业 j 的特征就体现为它在 S 上的严格偏好关系。要使集合 S 对 j 可行,它可以为每个劳动者 i 最多包含一份合同。恰如劳动者都偏好工资较高的合同一样,企业都偏好工资较低的合同。给定任何一个可供选择的合同集,企业都会挑出其最偏好的可行子集。给定工资向量 $w = (w_i^j)_{i \in I, j \in J}$ 后,下面用需求函数 $D^j(w^j)$ 描述企业 j 的选择,该需求函数从 $\{(i,j,w_i^j) \mid i \in I\}$ 中识别出与企业 j 最偏好的合同集相关的劳动者 i。该正式分析只使用 D^j,并不依赖企业的严格偏好关系。

该拍卖过程的特征体现为两个函数 F 和 G。定义函数 G:$\{\hat{w}_1, \cdots, \hat{w}_{N+1}\}^{I \times J} \to \{\hat{w}_0, \cdots, \hat{w}_{N+1}\}^{I \times J}$ 如下:

$$G_i^j(w) = \begin{cases} w_i^j, \text{若 } i \in D^j(w^j) \\ \text{否则 } p(w_i^j) \end{cases}$$

请设想,在该拍卖程序下,w 是当前回合中各企业能够向劳动者提供的工资向量。我接下来要论证,$G_i^j(w)$ 是企业 j 在当前回合中实际提供给劳动者 i 的工资。

请考虑两种情形。在第一种情形下,劳动者 i 拒绝了企业 j 的合同要约,且在这种情形中,w_i^j 是高一档工资,而 $p(w_i^j)$ 是该劳动者已拒绝的工资。如果企业 j 即使按当前较高的工资仍要雇用劳动者 i,条件 $i \in D^j(w^j)$ 就能得到满足,而企业 j 将提供工资 $G_i^j(w) = w_i^j$。否则,如果该企业不想按较高的工资雇用 i,它就不会提高工资报价,而会让工资报价停在 $G_i^j(w) = p(w_i^j)$。无论是哪种情形,$G_i^j(w)$ 都表示在当下回合中企

业 j 将为劳动者 i 提供的工资。在第二种情形中，劳动者 i 没有拒绝 j 的前一个工资报价，从而（通过全互替品）条件 $i \in D^j(w^j)$ 得到满足。$G_i^j(w)$ 仍然是该企业将提供的工资。用 $G_i^j(w) = \hat{w}_0$ 描述 j 未向 i 做任何报价的情形，我们将零报价（null offers）纳入这个公式化阐述。

在拍卖的每一回合中，通过应用函数 $F: \{\hat{w}_1, \cdots, \hat{w}_{N+1}\}^{I \times J} \rightarrow \{\hat{w}_1 \cdots, \hat{w}_{N+1}\}^{I \times J}$，可以确定上一轮拍卖的可能工资。这个函数纳入各企业的决策和劳动者的决策。给定一个工资向量 w，每个劳动者 i 都会考虑其面临的当下合同要约集以及失业的可能性 $\{(i, j, G_i^j(w)) \mid j \in J\} \cup \{\varnothing_i\}$。他基于自己的偏好，会拒绝除最优要约外的其他一切要约。令 $R_i(w) \subseteq \{j \mid i \in D^j(w^j)\}$，其构成企业在工资向量 w^j 上会需要劳动者 i，但该劳动者会在这些工资上拒绝这些企业。定义 $F: \{\hat{w}_1, \cdots, \hat{w}_{N+1}\}^{I \times J} \rightarrow \{\hat{w}_1, \cdots, \hat{w}_{N+1}\}^{I \times J}$ 如下：[④]

$$F_i^j(w) = \begin{cases} n(w_i^j), \text{若 } j \in R_i(w) \\ w_i^j, \text{若 } j \notin R_i(w) \end{cases}$$

运用 F，可以按下列方式描述该拍卖中的可能工资报价序列。所有 i 和 j 都以 $w_i^j(1) = \hat{w}_1$ 为起点。令 $w(t+1) = F(w(t))$（表示其工资报价遭到拒绝的企业可以考虑提出下一个最高工资报价）。在 $w(T-1) = F(w(T-1))$ 的最早第 T 回合终止该过程（那时没有任何企业愿意为任何劳动者提高其报价）。因此，$w(T) = F^{T-1}(w(1))$。

当拍卖结束时，最终的匹配是 $C = \left\{ \left(i, j, w_i^j(T) \right) \mid i \in D^j\left(w^j(T) \right) \right\}$ $\left\{ \varnothing_i : \nexists j \in j : i \in D^j\left(w^j(T) \right) \right\}$。这些都恰好是各企业按 $w(T)$ 中的工资

提供且从未被劳动者拒绝的合同。

2.2.6　与连续性竞争均衡的相关性

这种离散模型中的稳定增广匹配和连续模型中的竞争均衡之间有什么相关性呢？在竞争均衡 (x,p) 中，所有主体都是在考虑价格 p 和市场出清的情况下谋求最大化。而在这个离散模型中，企业按价格 $w(T)$ 谋求最大化，它们需要的都恰好是想要雇用的劳动者。而劳动者都按价格 $G(w(T))$ 谋求最大化，每人都采取他的最优选择。但与竞争均衡相反，所有主体考虑的价格并不相同：总体上，$G(w(T)) < w(T)$。[⑤]不过，尽管这些工资并不相同，它们仍尽量地接近，也就是说，在可能工资的有限集合中它们都离得很近。因此，如果按很小的工资差异构建这个模型，那么在稳定增广匹配和竞争均衡之间就不存在明显的经济学差异。

鉴于这种相似性，拍卖过程也会相似吗？现在，让我们更正式地分析离散动态的某些特性。

第一个结果是，该拍卖过程确实是收敛的。

命题 2.2

这种离散拍卖过程终结于数目有限的回合中，即 $T < \infty$。

证明

只存在有限量的不同工资，且在最后回合前的每一回合中都有 $w(t+1) > w(t)$。因此，只能存在有限量的拍卖回合。∎

第二个结果是，当劳动者都是互替品时，企业在回合 $t+1$ 中总是

重复在回合 t 中未被拒绝的任意报价。命题 2.3 对我们的主张做出了公式化的概述。

命题 2.3

假设对企业 j 而言，劳动者是全互替品。如果 $i \in D^j\left(w^j(t)\right)$ 且 $j \notin R_i(w)$ ，则 $i \in D^j\left(w^j(t+1)\right)$ 。

证明

假设 $i \in D^j(w^j(t))$ 。根据该拍卖过程的构建，$w^j(t+1) \geqslant w^j(t)$ 。由于 $j \notin R_i(w)$ ，随之而来的便是 $w_i^j(t+1) = w_i^j(t)$ 。援引全互替品的定义，$i \in D^j\left(w^j(t+1)\right)$ 。∎

这个命题因两个理由而意义重大。第一，它对我们设定函数 F 的方式有微妙的影响。由于在实际拍卖中，先前的最优报价永远会被重复，我们可以将 F 构建成仿佛劳动者能够选择召回先前的报价，无须担心劳动者接受的报价会是企业想要撤回的报价。第二，连续性模型中有一种说法，即价格会永远留在每种物品的需求略超过供给的区域内，而离散模型中的这一陈述的经济学内涵与该说法大体相同。该命题意味着，在这个离散模型中，在一个劳动者 i 宁愿接受它也不愿失业的工资水平上，一旦有了对该劳动者的任何工资报价，该工资报价向量 $w(t)$ 就会永远地停留在至少有一家企业 j 会持续地需要该劳动者的区域内。

与连续模型类似，最后一个重要的经济学结论是，这些拍卖过程都收敛至与任何稳定匹配相关联的最低工资。

命题 2.4

假设劳动者对各企业而言是全互替品。于是，对任何稳定增广匹配 (w', C')，有 $w(T) \leqslant w'$。

其证明基于下述引理，而该引理的证明又基于全互替品条件和 F 的构建。

引理 2.5

假设所有劳动者对各企业而言是全互替品。然后，函数 F 是单调的：对任意两个工资组合（wage profiles）w、$w' \in W^{I \times J}$，若 $w' \geqslant w$，则 $F(w') \geqslant F(w)$。

后面给出该引理的证明。现在我们用它来证明命题 2.4.

命题 2.4 的证明

首先，通过对 F 的构建注意到对任何稳定匹配 (w', C')，$w' = F(w')$ 必定为真。而且，根据这一拍卖的初始条件，有 $w(1) \leqslant w'$。假设对某个 t，有 $w(t) \leqslant w'$。于是，由于 F 是单调的，$w(t + 1) = F(w(t)) \leqslant F(w') = w'$，从而，$w(T) \leqslant w'$。∎

引理 2.5 的证明

固定任意劳动者 $i \in I$ 和企业 $j \in J$。由于 F 的域和范围都是有限集合的乘积，这足以表明，当任何成分自变量 w_i^j 被增至下一档数值 $n(w_i^j)$ 时，因其他成分保持不变，成分函数 $F_i^j(w)$ 不下降。我们用 $w \setminus n(w_i^j)$ 标识变化了的向量，并考虑四种穷举情形（exhaustive cases）。

（ⅰ）考虑企业 j 提高 w_i^j。根据 F 的构建，$F_i^j(w) \leqslant w_i^j \leqslant F_i^j\left(w \setminus n(w_i^j)\right)$。

（ⅱ）考虑某个企业 $j' \neq j$ 提高 $w_i^{j'}$。若 $j \notin R_i(w)$，则 $F_i^j(w) = w_i^j \leqslant F_i^j\left(w \setminus n(w_i^{j'})\right)$。若 $j \in R_i(w)$，则 $j \in R_i\left(w \setminus n(w_i^{j'})\right)$，所以 $F_i^j(w) = n(w_i^j) = F_i^j\left(w \setminus n(w_i^{j'})\right)$。

（ⅲ）考虑企业 j 对某个劳动者 $i' \neq i$ 提高 $w_{i'}^j$。根据全互替品条件，若 $i \in D^j(w)$ 且 $j \in R_i(w)$，那么在 $F_i^j(w) = F_i^j\left(w \setminus n(w_{i'}^j)\right)$ 的情形中，则 $j \in R_i\left(w \setminus n(w_{i'}^j)\right)$，若 $j \notin R_i(w)$，则 $F_i^j(w) \leqslant w_i^j \leqslant F_i^j\left(w \setminus n(w_{i'}^j)\right)$。

（ⅳ）最后，考虑企业 $j' \neq j$ 对某个劳动者 $i' \neq i$ 提高 $w_{i'}^{j'}$。那么总是 $F_i^j(w) = F_i^j\left(w \setminus n(w_{i'}^{j'})\right)$。∎

在离散模型和连续模型之间存在四种导致分析变化的技术性差异。首先，凯尔索 – 克劳福德模型的分析采用的不是连续时间中的连续价格过程，而是离散的价格，并在离散的时间中推进。其次，卖家（劳动者）并不单凭价格选择买家（企业），他们还在乎企业的身份。再次，由于仅参照一种工资不可能识别出劳动者的最优机会，该算法需要追踪适合于每个劳动者的多种工资。我们在这里的公式化阐述表明了要如何对待这前三种差异。最后，各企业和劳动者都以略有差异的工资作为其决策基础，而在竞争性均衡中，所有当事方都采用相同的价格向量。尽管有这些差异，但这两种模型的分析和结果是相似的。

本节讨论了企业视劳动者为全互替品时的离散模型，以下概括了我们有关这种模型的基本发现。

- 存在稳定增广匹配。对每个稳定增广匹配 (w,C) 而言，企业都雇用最优的劳动者集，仿佛它们将工资向量 w 视为既定；而劳动者都选择最优的就业岗位，仿佛他们都设定可得的工资由另一个工资向量 $G(w)$ 给定，两者的关系描述如下：若 i 被匹配于 j，则 $G_i^j(w) = w_i^j$；否则，$G_i^j(w) = p(w_i^j)$。

- 在成为某稳定增广匹配 (w,C) 组成部分的各工资向量 w 中，存在一个最低工资向量，其中，每个劳动者的工资至少与任何其他稳定增广匹配中的一样低（还存在一个最高工资向量，此处不做分析）。

- 价格递增拍卖在模型中体现为一个离散过程。在该过程中，众企业为它们在该拍卖中的当前通行价位上最可能雇用的劳动者报价。这种拍卖中的工资报价单调向上收敛于最低工资向量。

2.3　背包问题中的近似互替品、价格和效率

前面各节都以经济学的标准方式处理价格，因为与效率和市场出清结果相关。这可能有很大的局限性。因为在现实世界的拍卖设计中，物品常常是离散的，但不是全互替品，且不能保证存在市场出清价格。实际上，米尔格罗姆（2000）以及米尔格罗姆和斯特鲁洛维奇（Milgrom and Strulovici，2009）都表明，如果投标者在拍卖中的可能估价不仅包括了所有可加偏好，还包括某种不满足全互替品条件的偏好，就永远会有市场出清价格不存在的情况。

尽管有这样的局限性，但拍卖及拍卖产生的价格仍有助于我们发现接近于最优解的资源配置，尤其当物品为"近似互替品"时更是如此。请回忆一下，如果在一个特定模型中，提高任何一种物品的价格从不减少对其他任何物品的需求，这组物品就满足了互替品条件。当我说物品是近似互替品时，是指有一个相近的模型，有些约束在其中会被收紧，而在物品都是严格互替品*的模型中，那些约束会被放松。我们将在后文探讨"近似"一词的恰当意义。对这套想法的最朴素探讨利用了丹齐格（1957）分析过的著名的"背包问题"。

2.3.1 背包问题和贪婪算法

请想象有一个容器，即一个"背包"和一些被编号为 $n = 1, \cdots, N$ 的离散物品。每个物品 n 都有相应的体积 s_n 和价值 v_n。所谓背包问题就是：挑出一组物品，在满足装入包中之物的总体积不超过背包体积 S 这一约束条件的前提下，使装入物的总价值最大化。为了只专注于重要问题，我假设包中没有足够空间容纳所有物件，即 $\sum_{n=1}^{N} s_n > S$。

要做的决策用变量 x_n 描述，它表示物品 n 是否被装进背包。令 $x_n = 1$ 表示该物品要被装进背包，而 $x_n = 0$ 表示该物品不被装进背包。

---

* 此处原文为"are exactly substitutes"，指物品严格地恰好可互替，而非近似地大致可互替。——译者注

于是，$x = \{x_1, \cdots, x_N\} \in \{0,1\}^N$ 是一个向量，它描述每一物品是否被装入背包。令 $v(x) \overset{def}{=} \sum_{n=1}^{N} v_n x_n$。装入最高价值的物品集的问题，以及相应的最优价值 $\bar{V}$ 在数学上可描述如下：

$$\bar{V} = \max_{x \in \{0,1\}^N} v(x) \text{ 满足 } \sum_{n=1}^{N} s_n x_n \leq S \tag{1}$$

假设，向量 x 给定并认定它是（1）式的最优解。根据复杂性理论，验证背包问题的解 x 为最优，是一个 NP 完全问题，就是说，这个问题极难。[⑥] 大体而言，该问题如此难的原因在于，对于 N 个项（item）的组合，任何算法可能都需要逐一核查其中的相当大一部分，以确定哪些项适于装入背包，以及该组合是否比已提出的解 x 价值更高。由于组合的数目随着这些项的数目 N 呈指数式增长，即使在 N 还不很大时，任何系统性算法的求解时间也已长得让人无法承受。

尽管在找出并检验一个最优解上存在困难，但通过研究放松了的背包问题，仍能取得某种实践上的进步。在这种背包问题中，我们假设物品都是可分的。以下是对这种放松了的背包问题的公式化表述。

$$\bar{\bar{V}} = \max_{x \in [0,1]^N} v(x) \text{ 满足 } \sum_{n=1}^{N} s_n x_n \leq S \tag{2}$$

从数学上看，原来的背包问题和放松了的背包问题之间是有差异的，在（1）式中，选项是向量 $x \in \{0,1\}^N$（从而每个物品都必然是被装入或不被装入）；而在（2）式中，选项是向量 $x \in [0,1]^N$（从而物品可以被零散地装入）。该放松了的背包问题是一个线性规划问题，其最优解的特征可以用下述价格来描述：

$$\hat{p} = \inf\left\{ p \geq 0 \,\middle|\, \sum_{\{n\mid v_n > ps_n\}} s_n \leq S \right\}$$

（2）式的任何最优解都按下列条件给定：

$$x_n = \begin{cases} 1, \text{若 } v_n > \hat{p}s_n \\ 0, \text{若 } v_n < \hat{p}s_n \end{cases}$$

并且，对任意项 n'（伴有 $v_{n'} = \hat{p}s_{n'}$），令 $x_{n'}$，使 $\sum_{n=1}^{N} s_n x_n = S$。如果（2）式的解是唯一的，则被零散地装入那个解中的物品 n' 就只有一个。即使存在多个解，它们中仍会有某个解只将一个物品以零散的方式装入背包。

放松了的背包问题是一个易解的问题。事实上，在定位最优解时有一种单调算法，它以一次一个的方式处理式中的各个项，无须事先计算 $\hat{p}$。它根据价值/体积比率 v_n/s_n 依次安排所有的项，并依照从最高到最低的顺序处理它们，直至遇到一个装不进剩余空间的项。当遇到这样一个项时，该算法将包括那个项中刚好能进入背包的那一部分，然后结束。稍加反思就能使读者确信，在这种物品皆可分的假设情形中，这种算法确实做到了最优装包。

关键在于，有一种相似的算法可用来以试探方式求解实际的、未被放松的背包问题。它用与前面相同的方式给物品排序，即按照价值/体积比率 v_n/s_n 从最高排到最低。然后，它不断地装入包外的项 n，直至遇到一个无法装入包中剩余空间的项。这是此算法不同于前一种算法的地方。即当有一个项装不进去时，该算法将其搁在一边，并继续试装下一个项，直至所有项都被试过一遍。

从理论上讲，这种简单的试探法找到的不是一个最优解。例如，假设有两个项和一个体积 $S = 2$ 的背包。第一个项的体积为 1，价值为 1.1；第二个项的体积为 2，价值为 2。该试探算法从装入第一个项起步（因为 $v_1/s_1 = 1.1$，而 $v_2/s_2 = 1.0$）。接下来它会发现再无可容纳第二个项的空间，并就此终止装包，它找到的是一个价值 1.1 的解。但最优解是装入第二个项，该解的价值是 2。凭直觉可知，这种试探法无法找到最优解，因为它贪婪地往包里加项，却全然不顾在后面才会虑及的项以及眼下的选择对装入后面那些项的能力会有何影响。这类试探法被称为"贪婪算法"。

在通常的情形中，此处提出的贪婪算法运行步骤如下。对每个项 $n = 1, \cdots, N$，计算其每单位体积的价值 $p_n \overset{def}{=} v_n/s_n$。如果必要，对这些项重新编号，使 $p_1 \geqslant \cdots \geqslant p_N$。[⑦]从第一个项 $n = 1$ 开始装包并依次推进。假设，若 $s_n \leqslant S - \sum_{j=1}^{n-1} s_j x_j$，$x_n = 1$；否则，$x_n = 0$。这用公式表述了先前叙述的思想，即这种试探法按价值/体积比率的排序考虑各项，对每个项都在背包仍有空间时将其装入，否则就将其搁一边，在将所有的项都试过一遍时结束。

定义 $S_m \overset{def}{=} S - \sum_{n=1}^{m-1} s_n$，并令 $\hat{n}$ 为第一个项，使 $\sum_{j=1}^{\hat{n}} s_j > S$。请回忆一下，$\bar{V}$ 表示该背包问题的最优价值。由于放松了的背包问题的解提供了最优解的上界，$\bar{V} \leqslant \bar{\bar{V}} = \sum_{j=1}^{\hat{n}-1} v_j + p_{\hat{n}} S_{\hat{n}}$ 就必然为真。在不用最优解而是用贪婪算法求出的解会带来损失的情况下，我们可以用这个不等式限制损失的范围。

命题 2.6

令 V^{Greedy} 表示通过贪婪解获得的价值，并令 $\bar{V}$ 表示最优价值。这两个价值之间的差异由下列不等式定义：

（i）$\bar{V} \geqslant V^{Greedy} \geqslant \bar{V} - p_{\hat{n}} S_{\hat{n}}$；且

（ii）对于所有的 $\hat{n} \in \mathbb{N}$，$(v_n, s_n)_{n=1}^{\hat{n}-1} \in \mathbb{R}_+^{2\hat{n}-2}$，且 $\varepsilon > 0$，存在 $N \geqslant \hat{n}$ 和 $(v_n, s_n)_{n=\hat{n}}^N \in \mathbb{R}_+^{2(N+1-\hat{n})}$，使得 $V^{Greedy} < \bar{V} - p_{\hat{n}} S_{\hat{n}} + \varepsilon$。

该命题中的（ii）是指，（i）中给出的 $\bar{V}$ 的下界很"紧"，在这个界限上添加任何正值 ε 都会使总的结果为假。而（i）中的上界在所有项的体积相同时随等式而成立，所以它也是紧的。

命题 2.6 的证明

就（i）而言，第一个不等式是显而易见的，而第二个不等式已在前文中得到证明。

就（ii）而言，情形 $S_{\hat{n}} = 0$ 是显而易见的，所以假设 $(v_n, s_n)_{n=1}^{\hat{n}-1}$ 存在，从而 $S_{\hat{n}} > 0$。我们规定，任何 $N \geqslant \hat{n}$ 和 $(v_n, s_n)_{n=\hat{n}}^N$ 满足 $s_{\hat{n}} = S_{\hat{n}-1} > S_{\hat{n}}$，$p_{\hat{n}} = p_{\hat{n}-1} - \varepsilon/S_{\hat{n}-1}$ 和对于 $n > \hat{n}$ 有 $p_n = 0$。此时，$V^{Greedy} = \sum_{j=1}^{\hat{n}-1} v_j$。但是，装入项 $1, \cdots, \hat{n} - 2$ 和项 $\hat{n}$ 可行，所以 $\bar{V} > V^{Greedy} + p_{\hat{n}} S_{\hat{n}} - \varepsilon$。∎

在这种放松了的背包问题中，物品都是互替品：由于 $m \neq n$，所以提高任何项 n 的价值绝不会增加对任何 x_m 的最优选择。在这个意义上，实际的背包问题抓住了物品都是近似互替品这个概念。但是，这个近似互替品条件与互替品条件很不相同，后者在前文研究的企业－劳动者离散模型中出现过。在那种离散模型中，如果企业利润最大化，则要求一家企业提高某劳动者的工资有可能导致该企业在两件事情中择一而行：它可以终止对劳动者的需求，并且其需求不会有任何改变；或者它可以在对其他劳动者的需求中恰好增加一个人来替换眼前的劳动者。[⑧]别无任何其他可能性。我们可以将这一点表述如下：离散模型劳动者之间的互替率永远要么为 0，要么为 1。而在放松了的背包模型中，对所有项之间的替代率没有任何限制。用若干小项替换背包中一个大项，或者用一个大项替换若干小项，都可以是最优的。在劳动力市场中，这相当于一个企业可以选择雇用工作两个半天的劳动者或雇用工作一个全天的劳动者。但劳动力市场模型并未纳入这种可能性，因为对企业来讲，这样的偏好并不满足该分析依托的互替品约束。两个非全日制劳动者可以是互补品而非互替品，因为提高一个非全日制劳动者的工资有可能引发企业撤回它提供给另一个非全日制劳动者的工作岗位，转而雇用一个全日制劳动者。

于是，在离散背包模型和先前分析的离散互替品模型之间存在重要的差异，即背包模型在最优解或者贪婪解中，对项与项之间的替代率无须任何限制。

要理解本节和随后各节中的数学思想，记住一点是有益的，即互替品有一种单调性。当一种物品的价格上升增加了对另一种物品的需求时，它们就是互替品。"上升"和"增加"这两个词表明，我们只诉诸需求的一种排序特性（order property of demand）。本节和后面几节中的数学都揭示了一点，即这种经济单调性是与某种单调算法的良好表现相关的。贪婪算法拥有若干带有单调性的特性。较明显的一点是，它向背包内添加项，却从不往外取出项。很快，我们就会认识到它的另一种单调性。价格递增拍卖也是单调的；它们在有过度需求时提高价格，却从不再降低价格。有多个命题解释了某些算法在物品为互替品或近似互替品时会表现良好，而在本书中，这些命题自始至终都有赖于某些严格的或近似的单调性特性。

2.3.2 基于贪婪算法的拍卖

要想把背包问题作为一个拍卖问题处理，可以想象一下不同的人各自拥有不同物品的情形。每个人只有在为其物品获得了背包内的空间时，才能享受该物品的价值。假设一个项的所有者/投标者 n 和拍卖师都能观察到这个项的体积 s_n，但只有所有者知道自己对该项的估价 v_n。[⑨] 我们想要展现的是，存在某种拍卖背包内空间的办法，使得若价值向量 v 已知，拍卖中的胜出者就是被该贪婪算法选中之项的所有者。

令 $\alpha_{Greedy}(v)$ 表示一个项集，它们在价值由向量 v 给定时都会被贪婪算法装入包中。理论上，有关背包问题的任何算法都决定了一个函数 $\alpha(\cdot)$，所以当被报出的价值为 v 时，被装入背包的项就都是集合 $\alpha(v)$ 中的那些项。因考虑的是拍卖，我们也可以称这个函数为胜者挑选规则（winner selection rule）。要使投标者易于选择他们的报价而无须猜测别人会如何报价，拍卖就应当是“反谋略的”。它的大体意思是，无论每个投标者预料到其他投标者将做什么，他都应该持有不变的最优报价。

该正式分析的关键是要认识到，胜者挑选规则 $\alpha_{Greedy}(v)$ 拥有一种特别的单调性，它与先前描述的那种不同。这种单调性是，一个获胜投标者即使提高其报价却依然是胜者。该特性意味着，存在某个有限的或

价格的发现

无限的"阈限价格"（threshold price），使投标者若至少按该阈限价格报价，他就胜出，否则就失败。如果该拍卖规则规定，任何获胜投标者都必须支付其报出的阈限价格，该拍卖就被称为"阈限拍卖"（threshold auction）。如我们将看到的，阈限拍卖永远都是反谋略的。而且，它们是唯一的反谋略拍卖。

下面是相应的公式化展开。

定义

（1）如果 $n \in \alpha(v)$，意味着对于任何 $v'_n > v_n$，有 $n \in \alpha(v'_n, v_{-n})$，胜者挑选规则 $\alpha(v)$ 就是单调的。

（2）给定某个单调的胜者挑选规则 α，其阈限价格函数是 $\bar{V}^\alpha_n(v_{-n}) = \inf\{v_n \mid n \in \alpha(v_n, v_{-n})\}$。

（3）如果胜者挑选规则 α 是单调的，每个出局投标者（losing bidder）的支付为零，而每一胜出投标者 n 支付其阈限价格 $p^\alpha_n(v) = \bar{V}^\alpha_n(v_{-n})$，则直言机制 (α, p^α) 就是一种阈限拍卖。

（4）如果对所有的价值总况 $v \in \mathbb{R}^N_+$ 和每一种可能的"虚假报告" $v'_n \neq v_n$，n 从诚实报告 v_n 中得到的回报与其从虚假报告得到的回报至少一样高，即

$$(v_n - p_n(v))1_{n \in \alpha(v)} \geqslant (v_n - p_n(v'_n, v_{-n}))1_{n \in \alpha(v'_n, v_{-n})}$$

直言机制 (α, p) 就是反谋略的。

对贪婪算法来讲，一个价值为 v_n 的项 n，当且仅当整个处理过程轮到它时仍有适于它的空间，它才会被装进背包。如果将项 n 的价值增

至 $v'_n > v_n$ ，它就不会更晚地出现在处理过程中。因此，如果贪婪算法在项 n 的价值为 v_n 时将其装进背包，那么当这个项的价值为 v'_n 时也一定会装入它。这一论证意味着，胜者挑选规则 α_{Greedy} 是单调的。

阈限拍卖中一个很著名的例子就是广为人知的次优价拍卖（second - price auction）*，它可被用于出售单件物品。在次优价拍卖中，胜出投标者的阈限价格是最高的出局报价（losing bid）。许多读者都熟知次优价拍卖具有反谋略性的证明。可以按常规扩展该证明以证实下面这个结果。

命题 2.7

与任何单调的胜者挑选规则对应的阈限拍卖都是反谋略的。

证明

我们在此处用表格说明一投标者由于在报告和 v_{-n} 上的各种条件而诚实地报告 v_n 或不诚实地报告 v'_n 得到的回报。可以看出，在每一种情形中，诚实报告带来的回报至少与虚假报告带来的回报一样多，这就证明了该命题。

在第 3 章中，我们将用公式阐述并证明一个命题，它的含义几乎与

---

* 这个概念目前国内多数论者将其按字面直译为 "第二价格拍卖"，虽不能算错，似未能充分传达这个概念的全部含义。因它指称的拍卖包括价格递增拍卖和价格递减拍卖两类。在价格递增拍卖中，它是指仅低于最高报价的次高报价，而在价格递减拍卖中它是指仅高于最低报价的次低报价。为能在中译上兼顾这两种情形，本书取现在这个译文。——译者注

命题 2.7 相反。它断言，由于任意的单调胜者挑选规则 α，并伴有另外的限制：（ⅰ）适于每个投标者 n 的可能价值集是一个区间 $\left[\underline{v_n}, \overline{v_n}\right]$；（ⅱ）投标者可以选择报出一个永远会出局的报价；（ⅲ）出局的报价总是导致零支付，阈限支付规则 p^α 是唯一的规则，从而 (α, p^α) 是反谋略的。而且，对于任何非单调的胜者挑选规则 α，没有任何定价函数使得 (α, p) 是反谋略的。[⑩]

表 2.1

条件	报告 v_n 的报偿	比较	报告 v'_n 的报偿
$\overline{v}_n^{\,\alpha}(v_{-n}) > \max(v_n, v'_n)$	0	$=$	0
$\overline{v}_n^{\,\alpha}(v_{-n}) < \min(v_n, v'_n)$	$v_n - \overline{v}_n^{\,\alpha}(v_{-n})$	$=$	$v_n - \overline{v}_n^{\,\alpha}(v_{-n})$
$v_n \geqslant \overline{v}_n^{\,\alpha}(v_{-n}) \geqslant v'_n$	$v_n - \overline{v}_n^{\,\alpha}(v_{-n})$	$\geqslant$	0
$v'_n \geqslant \overline{v}_n^{\,\alpha}(v_{-n}) \geqslant v_n$	0	$\geqslant$	$v_n - \overline{v}_n^{\,\alpha}(v_{-n})$

莱曼等人（Lehmann、O'Callaghan and Shoham，2002）基于贪婪胜者挑选规则 α_{Greedy} 引入了一种阈限拍卖并确认它是反谋略的。如前所论证的，α_{Greedy} 是单调的，所以他们的命题派生于上一个命题。

命题 2.8

贪婪胜者挑选规则 α_{Greedy} 是单调的，而与之关联的"贪婪阈限拍卖"是反谋略的。

2.3.3 投资和拟均衡

对背包问题的通常分析只研究哪些项会获选入包。这可以是一个重

第 2 章 　　（近似）互替品、 价格和稳定性

要问题， 但是， 单个的资源配置问题常常可以被更有益地构想为某个更大问题的一部分。在这个更大的问题中，肯定要配置其他相关资源或者要做出其他相关决策。就装包问题而言，一个常见的重要决策是有多少投资用于改善项的本身，例如使它们更小或更值钱，以及扩大背包的容量，使它更大。导论中的飞行空域实例就阐述了这个论题。在那个例子中，要做关于一个新宇航中心的规模和地点的各种决策，但这肯定会影响后面关于商业航天发射的决策，而这接下来又会扰乱其他的商业用途。设定恰当的价格有助于决策制定者对其决策终将给其他用户带来的成本切实承担责任，并鼓励最大手大脚的用户寻求使用更少资源的方法，如发现好的替代方案和/或干脆减少价值最低的资源运用。

在本节，我考察价格能在背包问题上起到的双重作用，即不仅服务于引导有效率的装包，而且服务于引导近乎有效率的投资。对我的分析，用新古典均衡理论中的福利经济学第一定理这个透镜来观察会很有帮助，但是，要用市场近似出清假设来取代市场完全出清假设。按照福利经济学第一定理，如果一个价格向量，它引导作为价格接受者的决策制定者对资源的需求，使所有市场中的供给量和需求量正好相等，那么这些决策就导致了有效率的最终配置。而在这个近似问题中，需要有另外一个条件，以确保近似地出清市场的价格也为投资提供大体不错的激励。

在背包问题中，各种项的不可分性历来阻碍市场的恰好出清，即背包中仍留有一些未满的空间，所以较早的理论并不完全适用。不过，单件的项的所有者都会预料他们须为背包中的空间支付多少，且他们在这方面的理解引导着他们就项的体积做出各种决策，对这一点并不难用公

式阐述。当缩减各项的成本低于节约背包内空间的成本时，每个所有者都会选择缩减项。在这样一个背包模型中，同样的价格可以用来引导该背包中近似有效率的投资和近似有效率的装包吗？

这一讨论的最后结果是，除了反谋略性和近似有效率外，适于这种背包问题的拍卖机制还有另一个非常可取的特性，即它会生成一种空间价格，很好地引导物品的所有者进行投资。最简单的这类机制会确定一种价格 p^*，其发挥的作用类似于市场出清价格。也就是说，会就背包内的空间向获胜的投标者收取每单位 p^* 的价格，而获胜者都是已准备支付 p^* 以上价格的所有者。在通常情形中，在价格 p^* 时背包内仍会留有空间，所以 p^* 并非市场出清价格。我们称 p^* 为拟均衡价格（pseudo – equilibrium price，Milgrom and Strulovici，2009），并根据任一特定项的价值和体积，运用下列函数计算这个价格：

$$P(v,s) \overset{def}{=} \inf\left\{ p \mid \sum_{|n \mid v_n - ps_n > 0|} s_n < S \right\} \qquad (3)$$

根据构建，在低于 $p^* = P(v,s)$ 的价位上都存在对背包内空间的过度需求。出清的价格通常不存在，因而在高于 p^* 的价位上都存在绝对的过度供给。如果在这个问题上确有恰好出清的价格，那就是 p^*。

同样的价格 p^* 还有一种与放松了的背包问题相关的解释，在放松了的背包问题里，它相当于背包内空间的边际价值。相反，对于离散背包问题，增加少量空间的边际价值永远为零。所以，按边际价值定价，尽管在市场恰好出清的情形中能发挥良好的作用，但在离散背包问题中却无助于影响和引导有效率的节省空间的投资。

在背包问题中验证各种投资水平有无效率是很难的。验证这一点可能需要求解多重背包问题（对应于不同的投资模式），从而导致这种验证至少与单一背包问题中的最优性一样难。如果我们尝试让物品的所有者像价格接受者那样行事，并借助拟均衡价格 p^* 引导投资，以达到简化问题的目的，则会出现什么情况呢？

为了研究这样的问题，我们引入一个新模型——伴有投资的背包问题。其中，每件物品的所有者 n 都有能力进行投资以改变其所有物品的体积和价值。所有者的选择机会都呈现在一个基于有限三维体集合 $C_n \subseteq \mathbb{R}_+ \times \mathbb{R}_{++} \times \mathbb{R}_+$ 的模型之中。其中，选项 $c_n = (v_n, s_n, i_n) \in C_n$ 表明，行为人 n 要投资 i_n 以获取一件物品，它在价值和体积上的特征为 (v_n, s_n)，其中 $s_n > 0$、$(v_n, i_n) \geqslant 0$。这个伴有投资的问题也描述了背包的体积。

定义

1. 伴有投资的背包问题是一个具有 $S > 0$ 和 $C_n \subseteq \mathbb{R}_+ \times \mathbb{R}_{++} \times \mathbb{R}_+$ 的 $(N+1)$ – 数组（tuple）$(S, (C_n)_{n=1}^N)$。

2. 在伴有投资的背包问题 $(S, (C_n)_{n=1}^N)$ 中，拟均衡态是一对要素 $(p^*, c^*) = (p^*, (v_n^*, s_n^*, i_n^*, x_n^*)_{n=1}^N)$，它满足两个条件：

（ⅰ）$(v_n^*, s_n^*, i_n^*, x_n^*)$ 求解 $\max_{(v_n, s_n, i_n) \in C_n, x_n \in \{0,1\}} (v_n - p^* s_n) x_n - i_n$，

（ⅱ）$p^* = P(v^*, s^*)$。

在拟均衡的这个定义中，条件（ⅰ）意味着，所有者从他们的可用选项中做出最优选择，其行为就像价格 p^* 不受其选择的影响。在这一假设中，所有者可能出错，因为如函数 P 表明的，空间的价格有赖于他们总体的投资选择。条件（ⅱ）则描述了这种依赖性。它说，背包空间的价格由一个短期的拟市场出清条件决定；在给定既有投资决策的

情况下，该价格就是该背包装不满或装得过满时的"最低"价格。非公式化地讲，条件（ⅰ）和条件（ⅱ）合在一起意味着，p^* 也是长期的拟市场出清价格，即那些"长期"选项 c^* 也都有赖于 p^*。

理论上，每个所有者对空间的"长期"需求有赖于空间的市场价格，是该价格的非递增阶梯函数（nonincreasing step function）。对 S 的整体选择而言，没有任何价格支持市场恰好出清，但永远会有某个唯一的拟均衡价格。

拟均衡中所有者的空间缩减投资不会是普遍有效率的，而物品的所有者在这方面甚至有可能犯大错。有一个例示可以说明这一点。

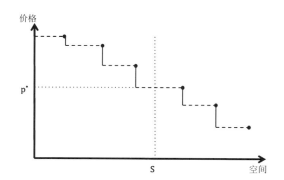

图 2.2　背包内空间的长期需求函数，作为价格的一种函数，这是一个阶梯函数，它由图中的垂直实线表示。对所有的背包体积 S，都存在唯一的拟均衡价格 p^*。其特性是，在较高的价位上，需求少于或等于供给；在较低的价位上，需求绝对超过供给。

示例

有两件物品，$N = 2$。背包内的总空间是 $S = 2$。对于第一件物品的所有者 A 来讲，可能的选项是 $C_A = \{a_1, a_2\} = \{(9, 3, 0), (2, 1, 1)\}$。而对于第二件物品的所有者 B 来讲，可能的选项是 $C_B = \{b_1, b_2\} = \{(3, 3,$

0),(3,1,1)}。按照最优解，两个所有者都投资于缩减所有物品的体积，且两件物品都被装入包中。

在这个模型的唯一拟均衡状态中，空间的价格是 $p^* = 3$，且两个所有者都发现，投资为零是最优的。对两个所有者来讲，在给定空间价格的情况下，这些选择都使利润最大化。而且，在给定投资为零的情况下，没有一件物品进得了背包，所以短期的价格公式表明，价格必须是 3。在拟均衡状态中，背包始终是空的。

要在普适意义上评价拟均衡状态的效率，我们将拟均衡配置中的总价值 V^* 与有投资背包问题中的最优价值 $\bar{V}$ 做比较。这两个价值由公式（4）和公式（5）给出：

$$V^* \stackrel{def}{=} \sum_{n=1}^{N} (v_n^* x_n^* - i_n^*) \tag{4}$$

和

$$\bar{V} \stackrel{def}{=} \max_{(v_n, s_n, i_n) \in C_n, x_n \in \{0,1\}} \sum_{n=1}^{N} (v_n x_n - i_n)$$

$$\text{约束条件为} \quad \sum_{n=1}^{N} x_n s_n \leqslant S \tag{5}$$

命题 2.9

令 $(p^*, (v_n^*, s_n^*, i_n^*, x_n^*)_{n=1}^{N})$ 是一个拟均衡，并令 $\bar{V}$ 如在式（5）中那样定义。于是，$\bar{V} \geqslant V^* \geqslant \bar{V} - p^* \left(S - \sum_{\{n \mid v_n^* - p^* s_n^* > 0\}} s_n^* \right)$。

我们将 $p^* \left(S - \sum_{\{n \mid v_n^* - p^* s_n^* > 0\}} s_n^* \right)$ 解释为背包中未占用空间的价值，伴有用拟均衡价格算出的"价值"。命题 2.9 表示，在最优价值和

装入拟均衡状态的各物品的价值之间存在差异，而 $p^*\left(S-\sum_{\{n\,|\,v_n^*-p^*s_n^*>0\}}s_n^*\right)$ 是该差异的上界。

命题 2.9 的证明：

请考虑问题（5）的变形。首先，我们给该对象添加 $p^*\left(S-\sum_{n=1}^{N}s_n x_n\right)$ 项——它在可行集合上为非负。然后，排除背包约束。这成为另一种问题，它的价值为：

$$\bar{\bar{V}}=\max_{(v_n,s_n,i_n)\in C_n,x_n\in\{0,1\}}\sum_{n=1}^{N}(x_n(v_n-p^*s_n)-i_n)+p^*S$$

$$=p^*S+\sum_{n=1}^{N}\max_{(v_n,s_n,i_n)\in C_n,x_n\in[0,1]}(x_n(v_n-p^*s_n)-i_n)$$

$$=V^*+p^*\left(S-\sum_{\{n\,|\,v_n^*-p^*s_n^*>0\}}S_n^*\right) \tag{6}$$

为导出（6）式而对（5）式做出的这两个变化可能各自只是增加了最大值，所以 $\bar{V}\leqslant\bar{\bar{V}}=V^*+p^*\left(S-\sum_{n=1}^{N}s_n^*x_n^*\right)$。∎

这个拟均衡价格公式取价值 v_n^* 和体积 s_n^* 为给定，但这些都是前瞻性投资选择带来的结果，而这类投资选择都视价格为给定。在该拟均衡状态中，任何不会被装进背包的物品 n 的所有者都不投资（选择最低水平的 i_n），而这决定了某个体积和价值，并选择 $x_n=0$。

命题 2.9 为拟均衡中的无效率提供了一个有趣的范围。我们先前已经发现，在这一简单的背包问题中，可以用类似方法算出的均衡价格和背包内空余空间的乘积，紧紧地框定因无效率装包而导致的最糟情形损失（worst-case loss）。而在伴有投资的背包问题中，情况看似更糟，因为损失可以由两个途径产生：无效率的装包和无效率的投资决策。我们前面的示例的确表明，投资决策有可能很糟。不过，根据命题 2.9，这两种无效率的最糟情形损失总量的限度依然有同样的乘积形式。这是否表明了 "还算可以" 的投资激励，关键在于解读。在这方面，各种示例与各种定理一样，也扮演着有益的角色。

2.3.4 对背包内空间的统一价格拍卖

拟均衡的结构非常简单，但它并未告诉我们价格是如何被发现的。而我们的目标是，基于对贪婪算法的某种改变，用反谋略直言机制找出价格。我们将贪婪算法的这个变种称为 "截尾贪婪算法" （truncated greedy algorithm），因为它遵循贪婪算法但结束得较早，从而相对于标准贪婪算法装入的那些物品，它只装入了一个子集。

因此，在为这种算法定义胜者挑选规则 α_{Trunc} 时，需要在标准的贪婪算法中加入一个提前终结条件。在过程终结前的每一回合中，该截尾算法的运行都与贪婪算法完全一样，但它在第一次遇到一件物品 $\hat{n}$，使 $\sum_{j=1}^{\hat{n}} s_j > S$ 时就停止对物品的处理。因此，它装入的物品由 $\alpha_{Trunc}(v,s) = \{1,\cdots,\hat{n}-1\}$ 给定，或等价地，由 $\alpha_{Trunc}(v,s) = \{n \mid p_n > P(v,s)\}$ 给定。这与装入拟均衡的物品集是相同的。还有，根据构造，$P(v,s) = p_{\hat{n}}$。

价格的发现

尽管截尾贪婪算法从不装入会被标准贪婪算法排除的物品，但其最糟情形的表现范围（performance bound）是相似的。

命题 2.10

令 $V^{Trunc} = \sum_{j=1}^{\hat{n}-1} v_j$ 表示截尾贪婪算法所装物品集的总价值，于是有 $\overline{V} \geqslant V^{Trunc} \geqslant \overline{V} - P(v,s)S_{\hat{n}}$。其下界也是紧的，即对于所有的 $(v_n,s_n)_{n=1}^{\hat{n}-1}$，由于每一个 $\varepsilon > 0$，都存在 N 和 $(v_n,s_n)_{n=\hat{n}}^{N} \in \mathbb{R}_+^{N+1-\hat{n}} \times \mathbb{R}_{++}^{N+1-\hat{n}}$，使得 $V^{Trunc} \leqslant \overline{V} - P(v,s)S_{\hat{n}} + \varepsilon$。

对它的证明实质上与命题 2.6 的证明完全相同。

这个胜者挑选规则的另一个吸引力在于它的阈限价格模仿了拟均衡中的阈限价格。

命题 2.11

与截尾贪婪算法相联系的胜者挑选规则 α_{Trunc} 是单调的。与其对应的阈限拍卖对任何获胜者 n 都按 $P(v,s)s_n$ 定价。这种截尾贪婪阈限拍卖是反谋略的。

证明

根据构造，当且仅当 $v_n/s_n > P(v,s)$ 时，$n \in \alpha_{Trunc}(v,s)$，这证明 α_{Trunc} 是单调的，以及 n 的阈限价格是 $P(v,s)s_n$。第三句表述派生于命题 2.7。■

因此，在这种无投资选择的特殊情形中，截尾贪婪阈限拍卖为参与者算出拟均衡配置和拟均衡价格。

2.3.5　纳什均衡投资

到此为止，我们只是在拟均衡中研究投资选择。其中，所有者都被假设为价格接受者。支持该假设的部分理由是，在物品的所有者必须为自己的物品被装入包中而支付阈限价格的情况下，没有任何所有者能够靠操纵价值报告来改变这种阈限价格。然而，所有者能够通过自己的投资影响空间价格。函数 $P(v,s)$ 刻画的正是这种影响。

标准的经济学范式主张，在阐释背包问题时，不是将它作为一个挑选哪些物品装入包中的问题，而是决定给每个投标者配置多少空间的问题。从这个视角看，物品的所有者不过是购买者，他们购买的是按某种特定价格提供的同质商品，即背包内的空间。

如在买家极少的市场中常见的那样，买家有动力人为削减其空间需求，以实现空间价格相对于拟均衡价格的下降。不过，对这一推理有两点需要注意。第一个注意点源于一个事实，即每个所有者都只有一件物品要装包。一个隐忍其需求的所有者能降低价格，但并不能因这样的较低价格而获益。这个反论倒是留出了一种可能性，即该所有者可以靠某种缩减空间的投资获益。因此，我们可以预期，买家会受此诱惑而在节约空间上做出超过最优水平的投资。

第二个注意点是，拟均衡价格是由一个不成功买家确定的，而这个买家，即使要求他投资于能使总价值最大化的配置，亦无动力为其所有物品的质量和价值投资。这些注意事项给正式陈述增添了微妙性。

要想从数学上研究该投资问题，我要采用博弈论的公式框架。考虑到有的读者不熟悉或不擅长博弈论，此处偏离主题，介绍一下我要用到的博弈论概念。

博弈论概念介绍

定义

一次（策略式）博弈就是一个三维体 $\Gamma = \left(\mathcal{N}, (S_n)_{n \in \mathcal{N}}, (\pi_n)_{n \in \mathcal{N}} \right)$。其中，$\mathcal{N}$ 是博弈者集合，S_n 是博弈者 n 的可用策略集合，而 $\pi_n: \times_{j \in \mathcal{N}}: S_j \to \mathbb{R}$ 是博弈者 n 的收益函数，它表示，博弈者 n 的收益是全部博弈者所用策略的函数。

在有些博弈中，可以存在一种显然适合某博弈者采用的策略，其原因在于对该博弈者而言，无论其他博弈者选取什么策略，该策略都比任何其他策略更有利。这样的策略被称为"占优的"。关于占优性的正式定义要更为精细，因它允许一项占优策略有时候只是刚好与其他策略一样好，只要它从不比其他策略更糟且有时还能更好即可。

定义

一项策略 $s_n \in \mathcal{S}_n$，若对每一项其他策略 $\hat{s}_n \in \mathcal{S}_n$ 而言，都满足两个条件，则这项策略对博弈者就是占优的：（1）对其他博弈者所用策略 $s_{-n} \in \mathcal{S}_{-n}$ 的每一种情况，都有 $\pi_n(s_n, s_{-n}) \geqslant \pi_n(\hat{s}_n, s_{-n})$；（2）对其他博弈者所用策略 $\hat{s}_{-n} \in \mathcal{S}_{-n}$，都有 $\pi_n(s_n, \hat{s}_{-n}) > \pi_n(\hat{s}_n, \hat{s}_{-n})$。

我们前文刚讨论过反谋策机制的定义，而占优策略的定义与反谋策机制的定义是密切相关的。一种机制要能反谋略的条件是，在（通过改变博弈者的价值而建立的）各关联博弈中，诚实地报告永远是占优策略。

就策略式博弈（strategic form games）而言，最著名的就是约翰·纳什（John Nash，1950）提出的解决方案。

定义

给定博弈 $\Gamma = \left(\mathcal{N}, (\mathcal{S}_n)_{n \in \mathcal{N}}, (\pi_n)_{n \in \mathcal{N}} \right)$，如果对于每一个博弈者 $n \in \mathcal{N}$，有 $s_n^* \in argmax_{s_n \in S_n} \pi_n(s_n, s_{-n}^*)$，则策略 $s^* \in \times_{j \in \mathcal{N}} S_j$ 就是一个纯纳什均衡。[⑪]

在给定其他博弈者也都采用均衡策略的情况下，当一项策略 s^* 是一个纯纳什均衡时，每个博弈者的策略就是他为实现自身收益最大化能做出的最优选择。实践中对纳什均衡的解读，以及它何时能很好地描述行为，都得到了博弈论专家的极大关注。对于新接触博弈论的读者，有人会警告说，这个领域充满争论，纳什均衡博弈总是可以预期的或者每一种纳什均衡都有同样可能性的说法肯定不正确。不过，对这些问题的讨论超出了本书范围。

回到投资博弈

在博弈模型中，博弈者是背包问题中的各种物品的所有者。请注意，在博弈者已经做了投资且到了报告估价的时候，该机制的剩余部分是反谋略的：诚实地报告对所有博弈者来讲都是占优策略。为了将正式分析放在投资激励上，我在假设每个博弈者都视投资为唯一策略性决策且诚实地报告的情况下，对无价值报告变动（value – reporting move）的博弈做公式化阐释。

用公式表述的话，这种博弈中的博弈者都是物品的所有者，且适于博弈者 n 的策略是 $c_n = (v_n, s_n, i_n) \in C_n$。令 $c \stackrel{def}{=} (c_1, \cdots, c_N)$，则所有者的收益是：

$$\pi_n(c) = \left(v_n - P(v, s)s_n\right)1_{\{v_n > P(c)s_n\}} - i_n$$

在这个博弈公式中，我们的主要发现是，前文介绍的简单经济学直觉对这个问题给出了不完备的解说：它遗漏了存在多重纳什均衡的可能性，即有多种策略组合，它们全都是纳什均衡。其中的某些均衡状态或许包含投标者在某些互利结局上的协调失败。这里有一个示例可以说明这一点。

示例

有两件物品，$N = 2$。背包中的总空间是 $S = 2$。对第一件物品的所有者 A，可能的选项是 $C_A = \{a_1, a_2\} = \{(12, 3, 0), (2, 1, 1)\}$，而对第二件物品的所有者 B，可能的选项是 $C_B = \{b_1, b_2\} = \{(9, 3, 0), (3, 1, 1)\}$。

这场博弈中有两个纯纳什均衡：(a_1, b_1) 和 (a_2, b_2)。在第一个均衡中，两件物品的所有者投资都为零且他们拥有的物品对背包而言都太大。均衡状态是没有任何物品被装入包中。对于所有者 B 来讲，没有任何单边背离是有利可图的。因为在背包中不装 A 的物品时，B 的物品也不可能装进去，并且也不可能超过 A 的价值/体积比（等于 4）。所有者

第 2 章　（近似）互替品、价格和稳定性

A 可以做数量为 1 的投资以使他的物品变得更小（价值也更低），但那样的话 B 在此截尾贪婪算法中处于第一位置，并结束装包，因为 B 的物品装不进背包。

在第二种纳什均衡中，这两件物品的所有者都进行数量为 1 的投资，且两件物品都能装入背包。在这个均衡状态中，每一方为其所获空间支付的价格都是零。

有关纳什均衡的存在定理（Nash，1950；或有关当代教科书的处理，Fudenberg and Tirole，1991）仅承认，每一种有限博弈者、有限策略的博弈都至少有一种混合均衡，但下面的这个命题将注意力限制在纯纳什均衡上。

假设，如图 2.2 中那样，拟均衡并不恰好装满背包。而在纳什均衡中，不同于在拟均衡中，博弈中的每个所有者/博弈者都考虑一个事实，即他的投资选择可以影响他为背包空间必须支付的价格。而这种投资的回报只有那些在背包中赢得一定空间的物品才能获得，所以出局者 n 不做任何投资，即他们选择最低 i_n 值的 c_n。

请回忆一下，根据需求法则，需求曲线是向下倾斜的。也就是说，当价格上升时，买家对物品的需求就会变少。[12] 结果是，当我们从拟均衡态开始且有一个所有者的空间需求增加时，新的拟均衡价格必然（至少是微弱地）上升，从而使其他所有者的空间需求量抵消性地下降。因此，如果一个获胜投标者缩减其所有物品的体积，从而需要较少的空间，拟均衡价格就必然（微弱地）下降。用公式表述就是，对于任何使 n 成为胜者的 c_n 和 c'_n，以及 $s_n < s'_n$，结论是 $P(c_n, c^*_{-n}) \leqslant P(c'_n, c^*_{-n})$。

这些情况导致下面这个新的结论。

命题 2.12

对任何伴有投资的背包问题 $(S,(C_n)_{n=1}^N)$，令 $\hat{c}$ 是截尾贪婪拍卖机制中的纯纳什均衡，并令 c^* 表示对应的拟均衡选项。于是，（ⅰ）$P(\hat{c}) \le P(c^*)$ 且（ⅱ）$v_n^* > P(c^*)s_n^* \Rightarrow \hat{v}_n > P(\hat{c})\hat{s}_n$（该价格在纳什均衡中略低，且在拟均衡中被装入背包的每一项也能在纳什均衡中被装入背包）。

证明

首先，假设与（ⅰ）相反的情形 $P(\hat{c}) > P(c^*)$。我们将论证，在违背拟均衡价格唯一性的情况下，$P(\hat{c})$ 一定是拟均衡价格。

用 π_n 表示 n 是价格接受者时的利润，并在取 $P(\hat{c})$ 为既定的情况下，令 $\bar{c}$ 描述各最优单个选项。取任意纳什均衡获胜者 $w \in \hat{\mathcal{W}}$，$\pi_w(\hat{c}_w, P((\hat{c})) \ge 0 \Rightarrow \pi_w(\hat{c}_w, P(c^*)) > 0$。由此，每个 $w \in \hat{\mathcal{W}}$ 都必然需要拟均衡 $P(c^*)$ 中一个正的空间量。而按照需求法则，$P(\hat{c}) > P(c^*) \Rightarrow \bar{s}_w \le s_w^*$，这意味着 $\sum_{w \in \hat{\mathcal{W}}} \bar{s}_w \le \sum_{w \in \hat{\mathcal{W}}} s_w^* \le S$。所以，对 $w \in \hat{\mathcal{W}}$ 采用 $\bar{c}_w$，获胜者的非负需求仍进入 S。

其次，如前面（通过使投资决策内部化）解释的，对每个博弈者都有 $\bar{s}_n \ge \hat{s}_n$。因此，对于每个纳什均衡失败者 $l \in \hat{\mathcal{L}}$，$\bar{s}_l$ 将仍然无法进入 S。所以，$\bar{c}_l$ 依然是一个失败配置，且对于所有的 $l \in \hat{\mathcal{L}}$，$\bar{\iota}_l = \hat{\iota}_l = \min\{i_l : c_l \in C_l\}$ 且 $\pi_l(\bar{c}_l, P(\hat{c})) = -\bar{\iota}_l$。于是，取 $P(\hat{c})$ 为给定，最优组合 $\bar{c}$ 就是

适合于每个博弈者的可行配置。

剩下我们要证明的仅仅是，$P(\hat{c})$ 是支持 $\bar{c}$ 的下确界价格（infimal price）。取低于 $P(\hat{c})$ 的任意价格 P'。按照 $P(\hat{c})$ 的构造，存在至少一个 $\tilde{l} \in \hat{\mathcal{L}}$，使 $\hat{v}_{\tilde{l}} - P'\hat{s}_{\tilde{l}} > 0$，隐含着 $\pi_l(\hat{c}_l, P') > -\hat{i}_l = -\bar{i}_{\tilde{l}}$ 是由 $\tilde{l}$ 造成的一个有利背离，它将引发过度需求。于是，$P(\hat{c})$ 就成了拟均衡价格，这是一个矛盾。我们可以断定，$P(\hat{c}) \leqslant P(c^*)$。这样，通过采用（ⅰ）和需求法则，（ⅱ）这一部分就显而易见了。∎

直觉上看，我们关于背包问题有如下一些关键发现：

• 由于不同的物品为背包内空间而竞争，背包问题要求具有某种近似的互替性。因为，物品在体积上可以大小不同，物品之间的互替率是无限制的。例如，或许可以用两个较小的物品替换背包中一个大的物品。这不同于凯尔索－克劳福德模型，因为在后者中，增加一个劳动者导致企业取代的其他劳动者要么是 0 个，要么是 1 个。

• 背包问题在计算上都很有挑战性，它是一个 NP 难度级别的问题。

• 但有很大一批背包问题，简单的贪婪算法常常就能定位一个解，这类解相当逼近最优态，且对这种解带来的最大损失进行了有效的限制。

• 贪婪算法有一种关联的反谋略拍卖，它被称为"贪婪阈限拍卖"。

• 对背包问题的一种扩展被称为"伴有投资的背包问题"，它研究的是，促使物品的所有者为使其所有物品更小和更值钱而投资的激励条件。

- 拟均衡设定了唯一的价格，使背包在较高价位上被过度装填，在较低价位上装填不足。当空间可分时，拟均衡提供了与均衡模型的类比。

- 在伴有投资的背包问题中，拟均衡结果为损失设置了界限，其采取的形式与无投资模型中的约束相同，这意味着投资激励弱导致的价值损失可以是低的。不过，拟均衡假设了物品所有者是价格接受者。

- 拟均衡价格和拟均衡配置可以靠"截尾贪婪算法"算出，它是一种反谋略的直接拍卖机制。

- 截尾贪婪拍卖造成的投资会导致价格略低于拟均衡时的价格。

2.4 分配约束和一对一互替品

在本节中，我们再次研究涉及单一拍卖师和多个投标者的问题：在此情形中，买家是单独一人，而卖家则有多人。在本节的这个模型和上一节的模型之间，存在两个关键差异。首先，对拍卖师可能存在很多约束，而不止单一的背包限制。其次，如在凯尔索－克劳福德模型中那样，这些约束条件内含的局部替代率（local rate of substitution）永远都是 0 或者 1。也就是说，给定物品的一个集合 S，我们希望向其中再多加一件物品 n，如果从各物品中去除一个子集 $T \subseteq S$ 就能为该物品腾出空间，那么存在某个 $m \in T$，使刚好去除 m 这件物品便能腾出那样的空间。在背包的设定中，这将相当于所有物品体积都相同的情形。

为了说明这里的主要思想，请思考这样一种情形，一家企业需要雇用足够的劳动者来做一份工作，或者政府需要收购一批足够的电视播放站以便为它正计划的其他用途清出频谱。为简化起见，假设买家的目标是获取一批足够的物品以满足其需要并实现获取成本的最小化。[13]在我们的抽象模型中，无须区分卖家和他供给的东西，因而对这两者都用 n 表示。卖家 n 对其物品的估价为 v_n，其中 $0 < v_n < \bar{v}$。我们令 $\mathcal{A}$ 表示物品中的可接受分类集。即对于物品集 S，当且仅当 $S \in \mathcal{A}$ 时是可接受的。买家的目标是，在满足其约束条件的同时确定要购买的最便宜的商品。

迄今为止，这个构想是将背包问题作为一种特殊情形纳入进来，但与前一节相比，伴随着一种扭曲。如果这一构想中的物品有多种体积且如果一个可接受物品集 $S \in \mathcal{A}$ 至少达到了某个特定的总体积（或者，等价地，它的补集 S^c 至多是某个总体积），则挑选出局者的问题将会是一个背包问题。通过运用先前描述的贪婪算法，就能为这个问题找到一个近似最优解。

在本节中，我们允许有多重约束，这些约束条件是根据买家未购买的物品集给出的。例如，在激励性拍卖中，为了向无线宽带用途重新分配频率，政府需要向它不收购因此今后将继续播放电视信号的播放站分配频道。此外，对频道的分配必须做到信号不会相互干扰。这就潜在地涉及大量的独立约束。例如，对于纽约市和波士顿范围内的频道，能分配的电视播放站数目就受到独立约束的限制。另外，如果发送自纽约和波士顿的播放信号会干扰位于中间地带（比如康涅狄格州）的播放站，可能就要对存留于这两个城市内的播放站总数有一个总体限制。[14]

给定任意的物品集 $S \subseteq \mathcal{N} = \{1, \cdots, N\}$，令 S^c 表示其补集。请回忆，$\mathcal{A}$ 代表买家可能易于接受的物品集，所以组成 $\mathcal{R} = \{S \mid S^c \in \mathcal{A}\}$

的是买家可能易于拒绝的物品集。我们的问题是要让被收购的那组播放站 A 的总成本（价值）最小化，或者等价地，让那组不被收购的播放站 R 的总价值（成本）最大化。定义 $v(R) \stackrel{def}{=} \sum_{n \in R} v_n$，我们用公式表述该问题如下：

$$\max_{R \in \mathcal{R}} v(R) \qquad (7)$$

在本节中，我们分析这样一种情形，即买家需要至少收购某个特定的物品集，且那些物品都是一对一互替品（one-for-one substitutes）。也就是说，分类 $\mathcal{R}$ 具有如下数学特性：

（1）可行性（feasibility）：$\varnothing \in \mathcal{R}$。

（2）自由处置：对任意集合 $S \in \mathcal{R}$ 和任意子集 $S' \subset S$，必有 $S' \in \mathcal{R}$。

（3）增广性（一对一互替性）：给定 S、$S' \in \mathcal{R}$，若 $|S| > |S'|$，则存在 $n \in S - S'$，使 $S' \cup \{n\} \in \mathcal{R}$。

在数学中，具有特性（1）至（3）的分类 $\mathcal{R}$ 被称为拟阵（matroid）。[⑮]从经济学的角度看，特性（1）意味着问题是可行的：买家有某种方式满足其需要（如全盘接受）。特性（2）表示，拥有更多的物品从不伤害买家，即如果买家能够通过拒绝 S 中的物品并获取 S^c 中的物品来满足其需要，则他就能从拒绝较小的集 S' 并获取较大的集 S'^c 做到这一点。特性（3）相当于经济学的一对一互替思想：任意集合 S 的所有最大独立子集都具有相同数目的元素。如果我们用同样的方式对背包问题做公式化表述，即规定 $\mathcal{R}$ 由能被装入包中的物品集构成，则该条件就不会普遍地得到满足。原则上，一个背包可以被一件大的物品完全装满，也可以被若干较小的物品完全装满。

若干示例

1. 设想 $N = 15$，买家需要收购至少 10 件物品，且任意 10 件物品都行。然后，$\mathcal{R}$ 由 $\mathcal{N}$ 的所有子集构成，每个子集含有不超过 5 件物品。让我们就这个示例验证特性（1）~（3）。

a. $\mathcal{R}$ 包括空集（$\varnothing \in \mathcal{R}$）。

b. 如果 $S \in \mathcal{R}$，则 S 最多拥有 5 个元素，所以任意子集 $S' \subset S$ 都最多拥有 4 个元素，且 $S' \in \mathcal{R}$。

c. 如果 $|S| > |S'|$，则（ⅰ）S' 拥有的元素绝对少于 5 个；（ⅱ）存在某个元素 $n \in S - S'$，所以 S' 可以通过添加 n 而增广，但仍拥有不超过 5 个的元素。

2. 假设买家需要从一个 $N = 15$ 件物品的集合中获取至少 10 件物品，但这些物品中，至少有 2 件物品必须是蓝色的，有 3 件物品必须是红色的，而颜色是每件物品的固定特征。假设 $\mathcal{N}$ 含有 $b \geqslant 2$ 件蓝色物品和 $r \geqslant 3$ 件红色物品。另外，$\mathcal{R}$ 由 $\mathcal{N}$ 的所有子集构成，每个子集含有的项不超过 5 件；其中，最多有 $b - 2$ 件是蓝色的，最多有 $r - 3$ 件是红色的。

a. $\mathcal{R}$ 包括空集。

b. 如果 $S \in \mathcal{R}$ 含有不超过 5 件物品，且蓝色项不超过 $b - 2$ 件，红色项不超过 $r - 3$ 件，则任何子集 $S' \subset S$ 都具有相同特性，所以 $S' \in \mathcal{R}$。

c. 关于增广性，设想 S、$S' \in \mathcal{R}$，以及 $|S| > |S'|$。与 S' 相比，集合 S 要么（ⅰ）包含较多蓝色物品，要么（ⅱ）包含较多红色

物品，要么（ⅲ）包含较多既非蓝色亦非红色的物品。S' 可以靠下列方式在满足所有约束条件的同时得到增广：（ⅰ）靠添加取自 S 的蓝色物品；（ⅱ）靠添加取自 S 的红色物品；（ⅲ）靠添加取自 S 的非蓝非红物品。

3. 请假设一个运动队有 K 个位置，被标为 $\{1,\cdots,K\}$，每一位置上必须聘请一位运动员。潜在的新受聘者被标为 $\{1,\cdots,N\}$，且每个运动员 n 都有一组位置 P_n 是他能胜任的。如果对于每个位置 k，运动员集合 $S \subseteq \{1,\cdots,N\}$ 都存在一套对运动员的位置分配 $\alpha:S \rightarrow \{1,\cdots,K\}$，使 $\alpha(n) = k$ 内含 $k \in P_n$，那么该运动员集就是宜于接受的。一个集合 R，如果其补集是宜于接受的，则它就是宜于拒绝的。让我们假设，运动员全体的集合 $\{1,\cdots,N\}$ 是宜于接受的。

a. $\mathcal{R}$ 包括空集。

b. 假设 $R \in \mathcal{R}$ 和 $R' \subseteq R$。然后，$S = \{1,\cdots,N\} - R$ 是可被接受的，并有一个关联的可行分配函数 α。令 $S' = \{1,\cdots,N\} - R'$。于是，因 $S \subseteq S'$，所以，任意函数 α'，只要它对 S 的限制与 α 相符，就如对 S' 的分配一样起作用。由此，$R' \in \mathcal{R}$。

c. 要证明增广特性，请假设 R、$\hat{R} \in \mathcal{R}$，以及 $|R| > |\hat{R}|$。令 S 和 S' 分别是 R 和 $\hat{R}$ 的补集，并有分配函数 α 和 $\hat{\alpha}$。由于 $|S| < |S'|$，所以存在某个位置 k，使 $|\hat{\alpha}^{-1}(k)| > |\alpha^{-1}(k)| \geqslant 1$。令 n 是 $\hat{S} - S$ 的任意元素，使 $\alpha(n) = k$。这样，我们就能够通过添加元素 $n \in R$ 来增广 $\hat{R}$。

上述三个特性体现了物品都是互替品这一特殊的经济配置问题的特

征。不仅如此，这三个特性还体现了拟阵结构的特征，这是一种出自组合数学的著名结构。这个结构一再出现在不同类型的应用之中。随后一节要解释，下面这些标准的数学术语是如何与经济学应用中的术语相对应的。

拟阵理论术语[*]

- 潜在可用物品的集合 $\mathcal{N}$ 被称为基础集 （ground set）。

- $\mathcal{R}$ 是可能被拒绝的物品集，$\mathcal{R}$ 中的集合都被称为独立集 （independent sets）。

- 当且仅当其具备特性（1） ～ （3） 时，独立集的集合 $\mathcal{R}$ 是一个拟阵。

- 若 S 是 $\mathcal{R}$ 的一个最大元素，即如果 $S \in \mathcal{R}$ 且对于所有的 $S' \subseteq \mathcal{N}$，有 $[S \subset S'] \Rightarrow [S' \notin \mathcal{R}]$，则 S 就是 $\mathcal{R}$ 的一个基 （basis）。

从该增广的特性很容易看出，$\mathcal{R}$ 中所有的基都具有相同的元素数目，这是后文要利用的一个特性。

当各约束条件形成一个拟阵时，贪婪算法的表现决定了拟阵对这项分析意义重大。下文将介绍的贪婪算法区分了被接受或被拒绝的物品。由此产生的两个结果集被标识为 A（"被接受的"） 和 R（"被拒绝的"）。循此途径，在迭代 n 上的局部构造集 （partially constructed sets） 分别被

---

[*] 拟阵理论为组合数学的一部分，它在几何学、拓扑学、组合最优化、网络理论和编码理论等领域中有广泛应用。赖虹建所著《拟阵论》（高等教育出版社，2002 年） 对拟阵理论有系统介绍。——译者注

标识为 R_n 和 A_n。

贪婪拒绝算法

设定各指标，使 $v_1 \geqslant \cdots \geqslant v_N$。

1. 设 $R_0 = A_0 = \varnothing$ 且 $n = 0$。

2. n 按每次加 1 递增。

3. 如果 $n = N + 1$，停止，并给出 $R = R_N$ 和 $A = A_N$。

4. 如果 $R_{n-1} \cup \{n\} \in \mathcal{R}$，设 $R_n = R_{n-1} \cup \{n\}$ 和 $A_n = A_{n-1}$；

   如果 $R_{n-1} \cup \{n\} \notin \mathcal{R}$，设 $R_n = R_{n-1}$ 和 $A_n = A_{n-1} \cup \{n\}$。

5. 转到步骤 2。

示例

在先前描述的运动队中，令 $K = 2$ 和 $N = 4$ 代表位置和潜在的新受聘者，使得 $P_1 = P_2 = \{1\}$、$P_3 = P_4 = \{2\}$，并且 $v_1 = 3$、$v_2 = 2$、$v_3 = 1$、$v_4 = 0$。可能被拒绝的集合为 $\mathcal{R} = \{\{1\},\{2\},\{3\},\{4\},\{1,3\},\{1,4\},\{2,3\},\{2,4\}\}$。

在第一回合中，该贪婪拒绝算法设 $R_1 = \{1\}$、$A_1 = \varnothing$。在第二回合中，该算法无法拒绝运动员 2，设 $R_2 = \{1\}$、$A_2 = \{2\}$。在四个回合之后，最终的配置将是 $R = \{1,3\}$、$A = \{2,4\}$。

直观上，该算法通过一系列步骤区分各个项；在每一步骤上，它总是评估代价最高的余留项，若宜于拒绝，就拒绝它，否则就接受它。例如，若宜于拒绝的集合在项的总数上都不超过 K，该贪婪算法就拒绝 K 个最昂贵的项，接受余留各项，它们都是最便宜的项。

总之，我们现在研究的问题不是一个背包问题，因为对约束条件的设定不同，且程序是贪婪拒绝，而非贪婪装入。尽管如此，我们先前采用的相同论证几乎适用，且它再次意味着，贪婪算法是单调的。在这一情形中，降低一个项的价值论点会在以后考虑，且那时它就较少可能遭到拒绝。根据命题 2.7，它意味下列判断：

命题 2.13

前述适用于贪婪拒绝算法的胜者挑选规则是单调的，相应的阈限拍卖是反谋略的。

我们还突出了另外两个特性。第一个特性涉及贪婪算法对这组问题的表现。

命题 2.14

如果 $\mathcal{R}$ 是一个拟阵，则贪婪拒绝算法的输出 R 就是对问题（7）的最优解。

证明要靠归纳法，但只要思考一下贪婪算法的第一选择，就能轻松得出直觉。为什么选取最有价值的项是可行的？它不会阻碍未来的有价值选择吗？答案在于增广特性。设想具有 k 个项的集合 S 不包含最有价值的项。按照增广特性，我们就可以反复地从 S 中挑出项，与最有价值的项结合在一起，创建一个含有 k 个项的集合 S'，它只在一个项上不同于 S。根据构建，S' 中多增的一项是最有价值的项，所以 S' 的价值高于 S 的价值。由此，最优集必然包含最有价值的项。

价格的发现

命题 2.14 证明

请设想相反的情形，那个贪婪解 $R = \{r_1, \cdots, r_k\}$ 并非最优解，而 S 反倒是一个最优解。令 $n = \min\{j \mid r_j \notin S\}$。通过反复运用增广特性，存在某个 $S' \subset S - \{r_1, \cdots, r_{n-1}\}$，使 $S'' \stackrel{def}{=} \{r_1, \cdots r_n\} \cup S' \in \mathcal{R}$。因此，对某个 $\hat{s} \in S'$，有 $S'' = S \cup \{r_n\} - \{\hat{s}\}$。但这样，$S$ 不可能是最优的，因为

$$\sum_{j \in S''} v_j - \sum_{j \in S} v_j = v_{r_n} - v_{\hat{s}} > 0 \text{。} \blacksquare$$

这第二个特性证实该拟阵特性刻画了互替品的概念。非公式化的表述是，如果提高项 n 的成本不会引致另一个项 $m \neq n$ 被拒绝，它们在需求上就是互替品。在现在这个模型中，我们在最优解为唯一的那部分价值/成本域上加入了一个条件：如果 $m \in A^*(v_1, \cdots, v_n, \cdots, v_N)$ 且 $m \neq n$，则对所有的 $v'_n > v_n$，有 $m \in A^*(v_1, \cdots, v'_n, \cdots, v_N)$。

命题 2.15

如果 $\mathcal{R}$ 是一个拟阵，则问题（7）中的物品就是互替品。相反，如果 $\mathcal{R}$ 具备特性（1）和特性（2），但不具备增广特性，则问题（7）中的物品就不是互替品。

证明

预设 $\mathcal{R}$ 是一个拟阵。取 v' 从而对于 $i \neq n$，有 $v'_n > v_n$ 和 $v'_i = v_i$。假设，伴随 $m \neq n$，存在某个 $m \notin R^*(v)$ 使 $m \in R^*(v')$。我们表明这导致一个矛盾。

第 2 章　（近似）互替品、价格和稳定性

首先，令 $\hat{m}$ 是 m 中价值最少的，即对于所有的 $m \in R^*(v') - R^*(v)$，有 $v_m \geqslant v_{\hat{m}}$。如先前论证的，$|R^*(v)| = |R^*(v')|$，所以 $|R^*(v)| > |R^*(v') - \{\hat{m}\}|$。根据增广特性，存在 $k \in R^*(v) - (R^*(v') - \{\hat{m}\})$，使 $(R^*(v') - \{\hat{m}\}) \cup \{k\} \in \mathcal{R}$，且 $R^*(v')$ 的最优性意味着 $v'_{\hat{m}} > v'_k$。因此，对于所有的 $m \in R^*(v') - R^*(v)$，$v_m > v'_k$。另一方面，$|R^*(v')| > |R^*(v) - \{k\}|$，且对于某个 $\tilde{m} \in R^*(v') - (R^*(v) - \{k\})$，我们有 $(R^*(v) - \{k\}) \cup \tilde{m} \in R$。这时，$R^*(v)$ 的最优性意味着 $v_k > v_{\tilde{m}}$。但另一方面，$v_k > v_{\tilde{m}} \geqslant v_m > v'_k$，这是矛盾的。

反过来，如果特性（1）和特性（2）成立，但特性（3）不成立，就存在 S、$S' \in \mathcal{R}$，并有 $|S| > |S'|$，从而对于所有的 $x \in S - S'$，我们有 $S' \cup \{x\} \notin \mathcal{R}$。对于每一个 $x \in S$，令 $v_x = 1$，并对所有的 $x \notin S$，令 $v_x = 0$。凭借这些 v 值，问题（7）存在一个伴有 $R^*(v) = S$ 的最优解。将物品 $x \in S'$ 的价值逐一增至 $|S| + 1$，从而 $S' \subseteq R^*(v')$。由于增广失效，$S' = R^*(v')$。因此，至少价值的增长导致了两件或更多的物品被加入 A^*。即对于某个 n 使 $v'_n > v_n$，有两个不同的元素满足 m'，$m \in A^*(v_1, \cdots, v_n, \cdots v_N)$ 和 m，$m' \notin A^*(v_1, \cdots, v'_n, \cdots, v_N)$。我们得知，在违背互替品条件的情况下，要么 $m \neq n$，要么 $m' \neq n$。∎

我们可以把本节的模型与前面研究过的凯尔索－克劳福德模型做比较。在凯尔索－克劳福德模型中，"企业"是买家，而"劳动者"是要被购买（雇用）的物品。在本节中，只有一个买家，相当于凯尔索－克劳福德模型中只有一家企业的特殊情形。为使公式阐述更加贴近，让我们假设，修改本节的模型，给买家增加一个明确的物品/劳动者估价。

令该估价对任意可接受的物品/劳动者集合都相同，并使其至少为
$\sum_{i=1}^{N} v_i$。对于不可接受的集合，该估价为零。在明确有一个可接受集合
可用的情况下，这个设定确保一家企业购买/雇用该集合是最优的。命
题 2.15 肯定，物品对企业而言都是互替品，恰如凯尔索 – 克劳福德模
型要求的。所以，凯尔索 – 克劳福德关于价格递增拍卖的结论，即它实
现了一种有效率配置，在这里也是适用的。在这一情形中，它是指其结
果使总价值最大化。

在直觉上，本节研究的贪婪拒绝算法与凯尔索 – 克劳福德拍卖算法
形成"对偶"。它的作用方式是拒绝最昂贵的物品直至不能再多拒绝，
而凯尔索 – 克劳福德算法的作用方式则是雇用（"接受"）最可取的劳
动者直至不再需要更多的劳动者。在本章介绍的所有模型中，互替品条
件都使价格和价值有可能在两个方向之一上起作用，即要么从低价位/
价值起步，然后提价直至有足够的报价被接受；要么从高价位/价值起
步，然后降价直至足够的报价被拒绝。

我们在这一节中的主要发现如下：

● 可以定义一种特殊的贪婪算法，使之适用于一组背包问题的超
集（superset），并囊括任何的约束条件集。

° 这种算法，只要可行，就依次拒绝最昂贵的余留项。

° 该算法是单调的，而与之对应的阈限拍卖是反谋略的。

● 当宜于拒绝的物品集分类被给定时，

° 物品的互替品条件在特征上体现为被拒绝物品集的拟阵条件；且

° 被用于该互替品情形的贪婪拒绝算法产生一种最优配置。

第2章 （近似）互替品、 价格和稳定性

• 由于该拟阵条件以互替品为特征，这个模型可以被视作凯尔索－克劳福德模型的特殊情形。它的专属特征如下，

◦ 只存在单独一家企业（加上对企业需求的较详尽建模）。

◦ 企业的约束决定着能予以接受或拒绝的项集。

◦ 获取足量的个体项集具有极高的价值，但超量的个体项毫无价值。

◦ 结果，企业力图使其所获诸项的"成本"或曰"价值"最小化，或者等价地，使其所拒诸项的成本或曰价值最大化。

第 3 章

维克里拍卖与互替性

尽管人们运用拍卖已有千年，但经济学对拍卖的理论研究要晚近得多。这可追溯至威廉·维克里（1961）所做的工作，他还为某些棘手的资源配置问题引入了一种新型拍卖。维克里想知道是否能清除拍卖中的博弈行为，使结果更为确定并使参与者更易于投标。格罗夫斯（Groves，1973）和克拉克（Clarke，1971）扩展了维克里的理论创意，使之适用于各种公共品问题。而一种逆构法*使维克里的工作得以推广，目前它在多数场合是以"维克里拍卖"而闻名的。

维克里拍卖是一种"直言机制"，这是指它要求投标者报告其所知的信息，即报告他们的"类别"（type）。例如，在一次购买某单件物品的拍卖中，某投标者的类别可以是愿意为该物品支付的最高价，且会要求他报出该最高价。维克里拍卖的出人意料之处在于，对每个投标者来讲，无论其他投标者会报告什么，自己诚实地报告永远是最优的。具

---

* "Back-formation"，亦称"逆构词法"，系词源学术语。逆构法是一种创造新词的方法，其主要做法是从已有的词中去除实际的或假设的词缀，由此产生的新词被称为"逆构词"（维基百科）。——译者注

有该特性的拍卖被视为具有反谋略。

使维克里拍卖能反谋略的神奇之处在于其支付方式，即按报价来决定支付。在维克里拍卖中，最著名的一种拍卖适用于单件物品待售的时候。它要求每个潜在买家报告或"报出"其愿意支付的最高价。与读者或许了解的最常见拍卖——所谓的"密封投标"——不同，在维克里拍卖中，获胜投标者支付的价格并不等于他曾给出的报价。拍卖品归于最高报价者，但价格被定在次高报价上。任何以前从未见过这种拍卖的读者，建议全面理解此处的逻辑，即要看到两个方面：其一，从每个投标者的角度看，诚实报告确实是最优的；其二，为什么这样的实情对实际投标者来讲并非一目了然，从而在这样一种拍卖中时常会犯错误。

如何才能将该发现推广至有多件异质物品待售的情形？后面我们将正式地探讨这个问题，但就直觉而言，抽象的维克里拍卖运作如下：要求每个投标者提交信息或"报价"，以描述他对每一种适宜结果的估价。然后，拍卖师会视报告的信息为真实，并利用这种信息计算有最高可能价值的结果。最后，拍卖师确定支付。这种维克里支付是使维克里拍卖别具一格的最重要因素。试想，如果投标者 n 不参与拍卖，其他投标者得到的物品总价值会是 π_{-n}。如果投标者 n 参与拍卖并赢得了什么，他得到的总价值会是某个较小的量 π'_{-n}。在维克里拍卖中，投标者 n 支付 $\pi_{-n} - \pi'_{-n}$，它刚好足够，从而包括拍卖师在内的其他人所获得的总价值就依然是 π_{-n}，即投标者 n 的参与对这个总价值无影响。

以这样的方式设定投标者 n 的支付后，无论投标者 n 对拍卖师的最终选择会有什么影响，都不可能改变其他所有人的总收益。结果，投标者要想使其收益最大化，就必须说服拍卖师让所有参与者的总收益

（包括投标者 n 的实际回报）最大化。在给定拍卖师选择结果的方式后，投标者可以靠诚实地报告自己的估价来实现这一点。

在下一节的公式化阐述中，有两个对分析的限制是显而易见的。其一，n 的成本只取决于 n 所知之事，绝不取决于任何他人的所知之事。这被称为"私人价值"假设，且对分析至关重要。其次，n 的成本只取决于 n 的所获之物，不取决于他人的所获之物。这一限制并非公式化分析所必需，但它使讲述这种拍卖如何运行变得更容易。

3.1 维克里拍卖的模型、 定义和反谋略性

我提供了一个普适而抽象的拍卖问题，该拍卖中有一个拍卖师，他可以是一个买家，也可以是一个卖家。具体地，我们假定拍卖师是一个买家，且存在 N 个投标者（卖家），他们被标为 $n = 1, \cdots, N$。每个卖家都能为出售物品或服务报价 $x_n \in X_n$。例如，如果卖家 n 能提供一个红色饰物或一个绿色饰物（并非两个一起），或者什么都不提供，我们就用模型将他设为 $X_n = \{R, G, \varnothing\}$。如果该卖家能够提供零个、一个或两个绿色饰物以及零个或一个红色饰物，或者提供这两种物品的任意组合，就总共有六种可行的组合，我们能够设立 $X_n = \{\varnothing, (0,1), (1,0), (1,1), (2,0), (2,1)\}$。其中，$\varnothing$ 代表 $(0,0)$。X_n 的符号标记是非常灵活的，但我们要使集合 X_n 是有限的[①]并包含 $\varnothing$, 一个表示不提供任何东西且引发成本为零的"零"元素（"null" element）。

每个卖家 n 都会有一些与供给物品或服务相关的成本。假设卖家清楚这种成本，但其他人可能不清楚。为了将每个卖家 n 的不确定性纳入

模型，我引入一个随机变量 θ_n，它从某个集合 Θ_n 中取值，并决定该卖家成本函数的参数。这个随机变量 θ_n 被称为卖家的"类别"，拍卖中所有其他参与者都相信它，其特征取决于某个概率分布。因此，任何卖家 n 的成本都体现为一个参数化了的函数 $C:X_n \times \Theta_n \to \mathbb{R}_+$。我使 C 标准化，从而对所有的 θ_n 都有 $C(\varnothing, \theta_n) = 0$。一个卖家因参与该机制并提供物品 x_n 获得的收益 π_n，是他接受的总价格 p_n 减去其总成本：$\pi_n = p_n - C(x_n, \theta_n)$。

接下来，考虑买家。买家能够购取事物的可能组合集是 $X_0 = X_1 \times \cdots \times X_n$，其典型组合为 $x_0 \overset{def}{=} (x_1, \cdots, x_N)$。该买家对每个组合的估价由 $v:X_0 \to \mathbb{R}$ 描述，而他购买 x_0 时的收益是其所购之物的价值减去其须付价值后的余额：$\pi_0 = v(x_0) - \sum_{n=1}^{N} p_n$。

就 x_0 而言，总余额由包括该买家在内的所有当事方享有：$TS(x_0, \theta) = v(x_0) - \sum_{n=1}^{N} C(x_n, \theta_n)$。请注意这个表达式中的支付抵消：支付 p_n 以同等的数量增加投标者 n 的收益但减少买家的收益。令 $TS^*(\theta) = \max_{x_0 \in X_0} TS(x_0, \theta)$。

对于这个维克里支付公式，请观察，如果我们剔除一个参与者 m，其他人的最大总收益就是 $TS_{-m}^*(\theta_{-m}) \overset{def}{=} \max_{x_0 \in X_0, x_m = \varnothing}(v(x_0) - \sum_{n \neq m} C(x_n, \theta_n))$。于是，要使维克里机制确保其他参与者享有的总收益是 $TS_{-m}^*(\theta_{-m})$，则无论 m 的报告如何，m 的收益注定是 $TS^*(\theta) - TS_{-m}^*(\theta_{-m})$，所以他的支付必然是该金额加上他的成本。

价格的发现

定义

维克里机制是直言机制，其中：

1. 每个投标者都向拍卖师报告信息 θ_n。

2. 拍卖师运用该报告信息选择一个结果 $x_0^*(\theta) \in \max_{x_0 \in X_0} v(x_0) - \sum_{n=1}^{N} C(x_n, \theta_n)$。

3. 拍卖师向投标者 m 支付的金额为：

$$p_m^*(\theta) \overset{def}{=} TS^*(\theta) - TS_{-m}^*(\theta_{-m}) + C(x_m^*(\theta), \theta_m) \quad (8)$$

如果 m 没有诚实报告，就可能导致引发变化的决策，而这会减少总剩余。既然归于其他人的总收益是不受影响的，那就只能有害于 m。结果是卖家都有动力诚实地报告。

命题 3.1

维克里拍卖是反谋略的：即对于所有的 θ 和所有的 m，$\theta_m \in \arg \max_{\hat{\theta}_m} p_m^*(\hat{\theta}_m, \theta_{-m}) - C(x_n^*(\hat{\theta}_m, \theta_{-m}), \theta_m)$。

证明

对任意 $\hat{\theta}_m$，让我们通过报告 $\hat{\theta}_m$ 而非诚实地报告 θ_m 来计算 m 的收益变化：

$(p_m^*(\hat{\theta}_m, \theta_{-m})) - C(x_m^*(\hat{\theta}_m, \hat{\theta}_{-m}), \hat{\theta}_m) - (p_m^*(\hat{\theta}_m, \hat{\theta}_{-m}) - C(x_m^*(\theta_m, \theta_{-m}), \theta_m))$

$= (v(x_0^*(\hat{\theta}_m, \theta_{-m})) - \sum_{n=1}^{N} C(x_n^*(\hat{\theta}_m, \theta_{-m}), \theta_n) - \pi_{-m}(\theta_{-m}))$

$$- \left(v(x_0^*(\theta)) - \sum_{n=1}^{N} C(x_n^*(\theta), \theta_n) - \pi_{-m}(\theta_{-m}) \right) \leqslant 0$$

第一步，将维克里支付公式代入第一行，并重组各项。第二步，不等式内含其中，因为根据定义，有 $x_0^*(\theta) \in \text{argmax}_{x_0 \in X_0} v(x_0) - \sum_{n=1}^{N} C(x_n, \theta_n)$。这样，博弈者 m 靠谎报只能受损：$p_m^*(\hat{\theta}_m, \theta_{-m}) - C(x_m^*(\hat{\theta}_m, \theta_{-m}), \theta_m) \leqslant p_m^*(\theta_m, \theta_{-m}) - C(x_m^*(\theta_m, \theta_{-m}), \theta_m)$。∎

3.2　适于反谋略机制的支付规则具有唯一性

我们为什么要如此强调巧妙的维克里支付规则？格林和拉丰（Green and Laffont，1977）有一个著名结论，霍姆斯特朗（Holmström，1979）对其做了扩展。该结果证明，就执行价值最大化决策 $x_0^*(\theta)$ 的反谋略拍卖而言，在某些环境类型中，维克里支付是唯一与之一致的机制。尽管我们在前文已发现，贪婪阈限拍卖和截尾贪婪阈限拍卖都是反谋略的（恰如那些环境中的所有阈限拍卖），但那些机制都不是例外，因为原则上它们并不要求价值最大化决策。

在本节中，我们要验证，对任何配置规则 α 最多存在一种支付规则 p^α 使直言机制（α, p^α）是反谋略的。这个命题意味着格林 - 拉丰 - 霍姆斯特朗的结论，使有关阈限拍卖唯一性的论断正规化，并且对于为其他环境构建反谋略机制的可能性提供了某种指南。

在将我们的注意力限定于"拍卖"之前，我们就更大一类反谋略直言机制讨论这个结果。

在公式化的表述中，直言机制是一对元素（α, p^α）。取这样的形式

价格的发现

旨在描述每个投标者 n 做出一个报告 $\hat{\theta}_n$ 的情况，这被理解为，该投标者声称其类别为 $\hat{\theta}_n$。然后，拍卖师用这个报告的信息来挑选一个结果 $\alpha(\hat{\theta}) \in X_0$，并决定每个投标者 n 的支付 $p_n^\alpha(\hat{\theta})$。如果投标者 n 做虚假报告，就意味着 $\hat{\theta}_n \neq \theta_n$。在随后的公式化阐述中，符号 argmax 是指使指定目标最大化的变量集。如果该机制是反谋略的，则在给定的描述中，我们就见到如 $\theta_n \in$ argmax… 那样的项，这表明，诚实报告使投标者的收益最大化，而虚假报告可能一无所获。

定义

1. 直言机制是一对函数 $(\alpha, p^\alpha): \Theta_1 \times \cdots \times \Theta_N \to X_0 \times \mathbb{R}^N$。
2. 如果对于所有的 n 和 $\theta \in \Theta_1 \times \cdots \times \Theta_N$，有

$$\theta_n \in \text{argmax}_{\hat{\theta}_n \in \Theta_n} p_n^\alpha(\hat{\theta}_n, \theta_{-n}) - C(\alpha(\hat{\theta}_n, \theta_{-n}), \theta_n)$$

直言机制 (α, p^α) 就是反谋略的。

本节中的分析基于一个有关环境类别的假设，它对我们所有考虑到的应用都无害。这个假设是，C 必定是其参数 $\theta_n \in \Theta_n$ 的一个连续可微函数，且集合 Θ_n 必定是路径相连的（path connected）。为使该处理保持在初级水平上，我们进一步将注意力限制在一种情形上，即对所有的 n，有 $\Theta_n = [0, 1]$。

命题 3. 2

对 $n = 1, \cdots, N$，令 $\Theta_n = [0, 1]$，并假设 $C(x, \theta_n)$ 因偏导数 $C_2(x, \theta_n)$

$= \dfrac{\partial C}{\partial \theta_n}(x,\theta_n)$ 而在其第二个变量上连续可微。令 (α,p^α) 是一个反谋略直言机制。于是，存在函数 $\beta_n : \Theta_{-n} \rightarrow \mathbb{R}$ ，使对于所有的 n 和 θ ，有

$$p_n^\alpha(\theta) = C(\alpha(\theta),\theta_n) + \int_0^{\theta_n} C_2(\alpha(s,\theta_{-n}),s)ds + \beta_n(\theta_{-n}) \qquad (9)$$

证明

令 $V_n(\theta) \overset{def}{=} \max_{\hat{\theta}_n \in \Theta_n} p_n^\alpha(\hat{\theta}_n,\theta_{-n}) - C(\alpha(\hat{\theta}_n,\theta_{-n}),\theta_n)$。由于该机制是反谋略的，有 $V_n(\theta) = p_\theta^\alpha(\theta) - C(\alpha(\theta),\theta_n)$。根据米尔格罗姆和西格尔（Milgrom and Segal，2002）的"积分式"包络定理（"integral form" envelope theorem），该价值的第二表达式为 $V_n(\theta) = V_n(0,\theta_{-n}) + \int_0^{\theta_n} C_2(\alpha(s,\theta_{-n}),s)ds$。令这两个表达式相等并设 $\beta_n(\theta_{-n}) = V_n(0,\theta_{-n})$ ，证明该结果。∎

在各种拍卖应用中，我们经常将注意力集中在每个投标者都能拒绝参与并由此获得零收益的情形。在该情形下建模时我们要添加一个限制，即存在某个类别，比如说类别 0 ，以便报告该类别会导致卖家得到零收益（想必是因为其获得零偿付且产生零成本）。研究上面的证明，我们发现，这相当于添加 $\beta(\theta_{-n}) = 0$ 的限制，在这种情形下，最多能存在一个价格函数 p^α 使 (α,p^α) 是一个反谋略的直言拍卖机制。

命题 3. 3

对 $n = 1,\cdots,N$ ，令 $\Theta_n = [0,1]$，并假设 $C(x,\theta_n)$ 因偏导数 $C_2(x,\theta_n) =$

$\dfrac{\partial\,C}{\partial\,\theta_n}(x,\theta_n)$ 而在其第二变量上连续可微。令 (α,p^α) 是反谋略直言机制，并

假设对于所有的 n 和 θ_{-n} ，有 $p_n^\alpha(0,\theta_{-n})-C(\alpha(0,\theta_{-n}),0)=0$。于是，$p_n^\alpha(\theta)$

$=C(\alpha(\theta),\theta_n)+\displaystyle\int_0^{\theta_n}C_2(\alpha(s,\theta_{-n}),s)ds$。[②]

尽管我们仅就类别空间 $\Theta_n = [0,1]$ 陈述和证明了这两个命题，但在

任何路径相连的子空间 Θ_n 中，这些命题意味着与任何单维路径并存的相似

支付约束，由此我们可以推断，该结论对任何路径相连集合 Θ_n 都成立。

尤其是，命题 3.3 证明，只存在一种支付，即 $p_n^\alpha(\theta)$ ，其导致的结

果是，以某种反谋略的方式执行任何特定的胜者挑选规则。所以，在受

制于有关拍卖环境诸假设条件下，维克里支付是唯一——类以反谋略方式

实现有效率结果的机制。

3.3 作为竞争标准的核

在一个分散的复杂配置问题中，我们应以什么作为"好"结果的

标准呢？一方面，效率是重要的：我们很想让一个选定的配置在可能的

时候实现价值最大化，或者达到某种近似最大化的状态。另一个问题是

价值该如何分享。如我们前面已看到的，以适宜的方式分享价值会鼓励

创造价值的投资。而对于一个经济学家来讲，在如何做到这一点上，竞

争性定价自然是首选。

第 3 章　维克里拍卖与互替性

在本节中，我要论证，核（core）作为联盟博弈论*的一个标准概念，对于各种拍卖问题来讲，是关于竞争性收益的适宜概念。这个概念，不仅表明结果是有效率的，而且还指明参与者之间的竞争会限制每个人能向他人索求的量。

直觉上，核结果的特征是为若干参与者的服务展开竞争，而这些参与者都拥有在待售拍卖品上创造价值的技能或资源。在一个竞争市场中，如果拍卖中卖家和买家都可被一组外部当事方（或者彼此）雇用，则市场出清的竞争性价格——当事方除雇用各参与者的成本外还不得不提供的固定支付——就正好是该联盟博弈的核内收益向量。要用公式表述这一点，我们需要明确某些细节。

请想象，我们引入一个新的博弈者集合，我们称其为"局外人"（outsiders），他们寻求雇用该拍卖中的各参与者，即买家（博弈者 0）和卖家的服务。请设想，任意一个在雇用买家和某卖家分类 $S \subseteq \mathcal{N} \overset{def}{=} \{1, \cdots, N\}$ 上胜出的人，都能要求其卖家在为他们的个人成本 $C(x_n, \theta_n)$ 提供补偿的情况下，选择一种生产行动 $x_S = (x_n)_{n \in S}$。这里，我们扩展 v 的定义，使之接纳任意的该类 x_S 作为一个变量，并假定 $v(x_S) \overset{def}{=} v(x_S, \varnothing_{-S})$，即所有投标者 $i \notin S$ 都被视为供给 $\varnothing$。

局外人可以从获得买家和某个卖家集合 S 所能创造的最大化价值，被概括为联盟价值函数（coalition-value function）：[③]

---

*　"coalitional game theory"，亦称"cooperative game theory"，即合作博弈论（维基百科）。——译者注

$$c(S) = \max_{x_S} v(x_S) - \sum_{n \in S} C(x_n, \theta_n) \qquad (10)$$

局外人作为价格接受者而行动，且由于每个卖家 n 都能按零成本生产 $x_n = \varnothing$，最大总价值就由整个卖家集合获得：

$$c(\mathcal{N}) = \max_{x_{\mathcal{N}}} v(x_{\mathcal{N}}) - \sum_{n \in \mathcal{N}} C(x_n, \theta_n) = \max_{S \subseteq \mathcal{N}} c(S)$$

在这样的竞争性市场中，买家和卖家为使市场出清的市场拍卖价格是多少？假设局外人承诺，（除参与者因服从局外人的指令而发生的任何成本之外还）向每个受雇参与者支付 π_n。竞争必然推动局外人的利润趋于零，所以在均衡状态中，雇用买家和任意供给者集 S 不可能有严格的正利润：

$$c(S) - \pi_0 - \sum_{n \in S} \pi_n \leqslant 0$$

并且，由于一个局外人雇用每个人都是有效率的，在均衡状态中这么做必然导致利润恰好为零：

$$c(\mathcal{N}) - \pi_0 - \sum_{n \in \mathcal{N}} \pi_n = 0$$

按照定义，在具有博弈者 $\mathcal{N} \cup \{0\}$ 的联盟博弈中，且零是没有买家时的联盟价值，而 $c(S)$ 是在 S 中的买卖双方组成的联盟价值，则核 $(\mathcal{N} \cup \{0\}, c)$ 恰好是满足前述两个条件的收益集：

$$core(\mathcal{N} \cup \{0\}, c) \stackrel{\text{def}}{=} \Big\{ \pi \in \mathbb{R}_+^{N+1} | \ \pi_0 + \sum_{n \in N} \pi_n = c(\mathcal{N}),$$

$$(\forall S \subseteq \mathcal{N}) \pi_0 + \sum_{n \in S} \pi_n \geqslant c(S) \Big\} \qquad (11)$$

这为核代表一组竞争性收益的论断提供了正式理由。

为了随后的分析，介绍一个等价公式有时会有帮助。在这个公式中，各约束条件都被表述为任意投标者集的总收益上界。在有关核的定义中，下列等式是其第一部分：

$$core(\mathcal{N} \cup \{0\}, c) = \left\{ \pi \in \mathbb{R}_+^{N+1} \mid \pi_0 + \sum_{n \in \mathcal{N}} \pi_n \right.$$

$$= c(\mathcal{N}), (\forall S \subseteq \mathcal{N}) \sum_{n \in S} \pi_n \leq c(\mathcal{N}) - c(\mathcal{N} - S) \left. \right\} \quad (12)$$

运用这个等式，可以在上界约束和下界约束之间来回移动。

3.4　不在核中的维克里收益

维克里拍卖并不总导致核中的收益。

示例

买家需要获得两个拍卖品，且必要的话愿意为它们支付至 25。单件的拍卖品对该买家无任何价值。

有三位卖家，其中每人都能以 10 的成本创建一台机器制造这两件拍卖品。不过，卖家 1 和卖家 2 都各有一件存货，它们在其他情况下都毫无价值。所以，对于两位卖家来讲，供给一件拍卖品的成本为零，而对卖家 3 来讲，供给一件拍卖品的成本为 10。

给定这些成本后，维克里结果 x_0 选择卖家 1 和卖家 2 各供给一件拍卖品，因为关联的成本为零。然而，付给每个卖家的维克里价格是

10，所以买家的总成本是 20，收益是 5。

这个维克里结果很麻烦。因为，如果买家已决定只向一个供给者购买并接受按一对拍卖品给出的报价，则每个卖家都会报告成本为 10，总价格也会是 10，该买家的收益将是 15。在为一对拍卖品进行的价格递减拍卖中，同样的结果会是其均衡结果。在这种拍卖中，当前失利的卖家有机会降低其价格以更具竞争力，直至再无卖家愿意把价格降得更低。买家的维克里收益似乎低得不具竞争性，而卖家的收益则似乎太高。

我们还可以运用核这个概念来分析竞争性定价问题。买家和卖家 1、卖家 2 能自行达到有效率配置，所以 $c(1,2) = c(1,2,3) = 25$。因此，根据核的定义，我们有 $\pi_0 + \pi_1 + \pi_2 + \pi_3 = 25$，以及 $\pi_0 + \pi_1 + \pi_2 \geq 25$ 和 $\pi_3 \geq 0$。所以，这个不等式是紧的，它隐含着 $\pi_3 = 0$。还有，$\pi_0 + \pi_3 \geq c(3) = 15$，因此 $\pi_0 \geq 15$。译成文字的话，就是在核中，买家的收益必须至少为 15，而两件拍卖品对买家的成本必须不超过 10。

总之，维克里结果不在核中，其原因是给拍卖师（在这些例子中是买家）的收益太低了。随后奥苏贝尔和米尔格罗姆（Ausubel and Milgrom，2002）报告了以下关于该结果的一般性陈述。

命题 3.4

每个投标者的维克里收益都等于其在核中所有点上的最高收益：$\pi_n^* = max_{\gamma \in Core(\mathcal{N} \cup \{0\}, c)} \gamma_n$，$n = 1, \cdots, N$。尤其是，对于任意 $\gamma \in core(\mathcal{N} \cup \{0\}, c)$，有 $\pi_0^* \leq \gamma_0$。

证明

请注意，c 这个符号为描述维克里利润提供了一种方便的简写：π_n^* $= c(\mathcal{N}) - c(\mathcal{N} - \{n\})$。还有，对该单元素集合 $\{n\}$ 使用方程（12），对于核中的任意点 γ，都有 $\gamma_n \leqslant c(\mathcal{N}) - c(\mathcal{N} - \{n\}) = \pi_n^*$。此外，收益向量为 γ'，且有 $\gamma'_n = \pi_n^*$，$\gamma'_0 = c(\mathcal{N}) - \pi_n^*$，否则 $\gamma'_m = 0$，经检验，是在核内的。∎

3.5　维克里拍卖和投资激励

维克里拍卖的一个优点是，在他人投资既定的情况下，它能为个人投标者的投资提供极好的激励。但总的来看，维克里拍卖仍然会出现因投标者之间的各种协调问题导致的无效率投资。

对于有关个人激励的肯定性结果，请设想，投标者 1 能通过数量 i 的投资将其类别从 θ_1 改为 θ'_1，而这会把维克里决策从 $x_0^*(\theta)$ 变为 $x_0^*(\theta')$，其中 $\theta'^{def} = (\theta'_1 - \theta_{-1})$。为使他自己的收益最大化，投标者 1 在 $p_1^*(\theta) - C(x_1^*(\theta), \theta_1) < p_1^*(\theta') - C(x_1^*(\theta'), \theta'_1) - i_1$ 的条件下，将选择投资。代入维克里支付公式并用代数加以简化，我们就能将该条件重述为 $v(x_0^*(\theta)) - \sum_{n \in \mathcal{N}} C(x_n, \theta_n) < v(x_0^*(\theta')) - \sum_{n \in \mathcal{N}} C(x_n, \theta'_n) - i_1$。然而，正是在该条件下，投资会增加拍卖师和所有参与者的总收益。当然，对于任意投标者 m 来讲同样如此。这就证明了下述命题。

价格的发现

命题 3.5

在维克里拍卖中，在给定其他投标者类别的情况下，如果单个投标者 m 的投资恰好能增加所有参与者的总价值，则该投资将获益。公式如下：

$$\left[p_m^*(\theta) - C(x_m^*(\theta), \theta_m) < p_m^*(\theta') - C(x_m^*(\theta'), \theta'_m) - i_m \right] \Leftrightarrow$$

$$\left[v(x_0^*(\theta)) - \sum_{n \in \mathcal{N}} C(x_n, \theta_n) < v(x_0^*(\theta')) - \sum_{n \in \mathcal{N}} C(x_n, \theta'_n) - i_m \right]$$

关于命题 3.5 的直观理解再次凸显了维克里支付的性质。对这些支付的计算使得即使 m 将其所报类别从 θ_m 改为 θ'_m，也不会对其他参与者的总收益有丝毫影响。结果，第一行中 m 的收益差等于第二行中的总收益差。

为了聚焦于投标者的投资，我们用公式阐述一种简化的博弈。在此博弈中，每个投标者都被赋予某投资选择权并选择是否行使它。每个投标者都面临两个选择：投资或者不投资。这个模型直接计算收益，而省略了维克里拍卖中的投标者报其选择，就像每个博弈者肯定都采用其维克里拍卖中的占优策略一样。在这种博弈中，一种策略组合是一个元素 $\sigma \in \{投资, 不投资\}^N$。令 σ^* 表示使总收益最大化的投资决策组合。于是，命题 3.5 直接意味着如下判断。

命题 3.6

有效率的投资组合 σ^* 是该投资博弈中的纯纳什均衡。

尽管有这样的肯定性结果，但仍有一个问题：在该投资博弈中也可能存在无效率的纳什均衡。

示例 1

假设有一个买家想要购买两个单位的某物品，且对物品的估价为10，而对其他任何事物的估价为零。卖家 1 和卖家 2 各自不可能单独生产任何东西。不过，每个卖家都能够通过投资 1 获得以成本 2 生产一单位该物品的能力。这样，如果两个卖家都投资并诚实报价，就能实现数额为 4 的最大总价值，在这种情形中，维克里价格是 8 和 8。然而，除非另一个卖家也投资，否则两个卖家就都会认为投资是无利可图的。

在标准的形式中，该博弈看上去如下表所示。行对应于卖家 1 的决策，列对应于卖家 2 的决策。每个格子中的第一个数是卖家 1 的收益，第二个数是卖家 2 的收益，第三个数是买家的收益。

	投　资	不 投 资
投　资	5,　5,　−6	−1,　0,　0
不 投 资	0,　−1,　0	0,　0,　0

沿该收益矩阵的主对角线存在两个纯纳什均衡：（投资，投资）和（不投资，不投资）。这个模式是典型的"协调失败"，且在这个例子中，它会导致投资不足。请注意，随之而来的（投资，投资）维克里价格太高（每个卖家为 5），使买家在交易中损失 6：他支付的总价格是 16，但得到的物品在他看来只值 10。这是一个核外收益向量的例子。

除了这两个纯均衡外，该博弈还有一个混合均衡。其中，每个卖家都按 1/6 的概率投资；且在此均衡中，每个卖家的期望收益都为零。

在示例 1 中，这两个卖家提供了互补投入，这些投入只有在被一起使用时才有价值，而其结果则是有几乎得不到投资的均衡。另一种无效率也是可能的，且即使在物品为互替品时仍可能出现这种情况。下面就是这样的一个示例。

示例 2

假设买家想要获得一单位的某物品，并对其估价为 10。卖家 1 和卖家 2 若不进行投资就不能单独生产任何东西，或者，两卖家中的任何一方都可以投资以成本 2 生产一单位该物品。投资的成本对卖家 1 是 1，对卖家 2 是 2，所以，有效率的结果是卖家 1 投资，卖家 2 不投资。如前面的例子一样，卖家 1 是行博弈者，卖家 2 是列博弈者，而第三个数字是买家的收益。

	投　资	不　投　资
投 资	-1，-2，　8	7，　0，　0
不 投 资	0，　6，　0	0，　0，　0

同样，存在两个纯纳什均衡，不过这次它们占据了相反的对角线。因此，在这两个均衡中都有一方投资，另一方不投资。在这个均衡中，卖家 2 的投资成本较高，使他的投资成为浪费：它无法实现总收益最大化。除了这两个纯均衡外，还存在一个混合均衡。在该混合均衡中，卖家 1 的投资概率为 3/4，卖家 2 的投资概率为 7/8，且在均衡中两个卖家的期望收益均为零。

因此，我们对投资激励措施的一般结论是混杂的。在有限的意义上，个体激励指向正确的方向，即在给定其他人投资的情况下，每个卖家会以符合总收益最大化的方式选择自己的投资。但这些示例彰显了无效率以某种方式发生的两个途径。在第一个示例中，各方的投资是互补的，而每个投资者都对另一方没有把握。如果一个博弈者预料另一方会规避投资，那么他也会规避投资，从而导致无效率的结果。在第二个示例中，存在着只适于一个投资者的空间，从而若某一方进行投资，竞争就会使第二个人进行同样的投资变得无利可图。在第二个示例中，可能是错误的一方进行了投资，且没有任何有效的力量避免或矫正这种无效率。

3.6　互替品条件下的维克里收益

在我们的核外收益示例中，除非卖家 2 也有存货，否则卖家 1 的存货对该系统就毫无价值，因为他们的物品是互补品。这并非偶然：因为我们已证明，当维克里收益能够"确保"处于核内时，互替品才是决定拍卖特征的恰当条件。严谨的陈述都不易把握，需要仔细量化，所以有经验的读者应注意后面所述命题中的细节。

后面的结果都用一个公式来表述。在该公式中，各卖家提供的物品可以不同，也可以相同，而买家则寻求购得某类物品。因有 L 种不同的物品类别，所以这种分类就由一个向量 $\bar{x} \in \mathbb{R}^L_+$ 代表，而卖家 n 供给一个向量 $x_n \in \mathbb{R}^L_+$。买家对各物品有一个估价向量，它被标识为 $P \in \mathbb{R}^L_+$。这可以代表该买家为自己生产或以非拍卖方式采购每件物品的成本，或者可以代表该买家用其他物品替代时的机会成本，或者可以代表该买家在无法获取该物品时因缩减运营规模而蒙受的损失。

与先前公式化阐述的模型不同，在这个模型中，各卖家可以提供多种物品，且有的种类可以由一个以上的卖家提供。

3.6.1 伴有物品的维克里公式

我们现在考虑这样一种环境，当买家从卖家 $n = 1, \cdots, N$ 处购买物品 $\sum_{n=1}^{N} x_n \leqslant \bar{x} \in \mathbb{R}_{+}^{L}$ 时，其价值是 $v(x) = P \cdot \sum_{n=1}^{N} x_n$。在数量超过 $\bar{x}$ 时，物品的价值不会有任何增加。该维克里配置如下：

$$x_0^{*}(\theta) \in \text{argmax}_{x \in \mathbb{R}_{+}^{NL}} \sum_{i=1}^{L} P_i \min\left(\bar{x}_i, \sum_{n=1}^{N} x_{ni} \right) - \sum_{n=1}^{N} C(x_n, \theta_n)$$

我们发现，当物品对投标者而言是互替品时，该维克里结果是在核内的，所以在这样的情形中，卖家的收益并非低得不具竞争性。要正式得出这一结果并理解在何种程度上需要如互替品那样的条件，我们还需要两个定义。第一个定义源于一种想法，即维克里收益有可能取决于哪些投标者实际参与拍卖。如我们在前文已看到的，单靠将维克里支付代入该收益公式，我们就能将投标者 n 的维克里收益写成 $\pi_n^{*} = c(\mathcal{N}) - c(\mathcal{N} - \{n\})$。我们将为其他投标者集写出相同的公式。同样，我们要定义一个条件，它认定，当我们扩大投标者集时，这个差是递减的。

定义

1. 如果用 S 来标识参与某拍卖的投标者集，则投标者 $n \in S$ 的维克里收益就是 $\pi_n^{*}(S) \stackrel{def}{=} c(S) - c(S - \{n\})$。

2. 将联盟价值视为投标者子模块（bidder submodular）的条件是，对于任意的投标者集 S 和任意一对投标者 n、$n' \in S$，有 $c(S) - c(S - \{n\}) \leqslant c(S - \{n'\}) - c(S - \{n, n'\})$（或者等价地，$n \in S \subset T$ 内含 $\pi_n^*(t) \leqslant \pi_n^*(S)$）。

与这些定义相关联的两个主要结果都来自奥苏贝尔和米尔格罗姆（Ausubel and Milgrom，2002）。

命题 3.7

当且仅当联盟价值都是投标者子模块时，在伴有物品的维克里公式中，对每一个 $S \subseteq \mathcal{N}$，都有 $\pi^*(S) \in core(S \cup \{0\}, c)$。

因此，投标者子模块条件是充分条件，且在某种特殊意义上它还是必要条件。给定一组投标者，如果我们不能确定哪些投标者会参与拍卖，则只要联盟价值是投标者子模块，我们就能确定维克里结果将在核内。

命题 3.8

在伴有物品的维克里公式中，若在每个卖家的成本函数中物品都是互替品，则联盟价值就是投标者子模块。

如我（2004）提出的，命题 3.8 也有一个逆命题，但我们不在此处讨论。

我们用初等方法证明命题 3.7。对命题 3.8 的最简单证明采用对偶理论，且对初等处理来讲可以被略过。

命题 3.7 证明

假设联盟价值是投标者子模块，并将 S 固定。我们需要证明，任意 $S' \subseteq S$ 满足等式（12）中的第二个条件。如果 $|S'| = 1$，就说 $S' = \{m'\}$，于是按照定义 1，有 $\pi^*_{m'}(S) \leqslant c(S) - c(S - \{m'\})$。假设对于任意 $|S'| = n \geqslant 1$，$\sum_{m' \in S'} \pi^*_{m'} \leqslant c(S) - c(S - S')$ 成立。于是，对任意 S' 使 $|S'| = n + 1$，有：

$$
\begin{aligned}
\sum_{m' \in S'} \pi^*_{m'}(S) &= \pi^*_m(S) + \sum_{m' \in \{S' - \{m\}\}} \pi^*_{m'}(S) \\
&\leqslant c(S) - c(S - (S' - \{m\})) + \pi^*_m(S) \\
&\leqslant c(S) - c(S - (S' - \{m\})) + \pi^*_m(S - (S' - \{m\})) \\
&= c(S) - c(S \setminus S')
\end{aligned}
$$

其中，第二个不等式出自子模块特性。我们可以断定，$\forall S' \subset S$，$\sum_{m' \in S'} \pi^*_{m'}(S) \leqslant c(S) - c(S - S')$。因此，对于所有的 $S \subseteq \mathcal{N}$，有 $\pi^*(S) \in core(S \cup \{0\}, c)$。

反过来，假设联盟价值不是投标者子模块。于是，就存在一个联盟 S 和投标者 n、$n' \in S$，其中 $c(S) - c(S - \{n\}) > c(S - \{n'\}) - c(S - \{n, n'\})$。但那时，有 $\pi^*_n(S) + \pi^*_{n'}(S) = c(S) - c(S - \{n\}) + c(S) - c(S - \{n'\}) > c(S) - c(S - \{n, n'\})$ 且根据等式（12），我们断定 $\pi^*(S) \notin core(S \cup \{0\}, c)$。∎

为证明命题 3.8，我们要利用每个投标者的间接效用函数，它被定义为对于一个价格向量 $p \in \mathbb{R}^L_+$ 有 $u_n(p) = \max_{x_n} p \cdot x_n - C(x_n, \theta_n)$。接下来，我们要陈述追溯该证明主要步骤的三个引理。对这些引理的证明见后文。

第3章 维克里拍卖与互替性

引理 3.9

函数 $u_n(p)$ 是非递减的。而且，如果在卖家 n 的成本函数中物品是互替品，u_n 具有递减的差：对于所有的 i，$p_{-i} \geqslant p'_{-i}$，$u_n(p_i, p_{-i}) - u_n(p_i, p'_{-i})$ 在 p_i 中是非递增的。

引理 3.10

联盟价值函数满足 $c(S) = \min_p u_S(p) - p \cdot \bar{x}$。

引理 3.11

联盟 S 的间接效用函数满足 $u_S(p) = \sum_{n \in S} u_n(p)$。

命题 3.8 证明

取任意一对价格 $p^1 = (p_1^1, \cdots, p_L^1)$、$p^2 = (p_1^2, \cdots, p_L^2) \in \mathbb{R}_+^L$，并定义 $p^U \overset{def}{=} \left(\max\{p_1^1, p_1^2\}, \cdots, \max\{p_L^1, P_L^2\} \right)$ 和 $p^L \overset{def}{=} \left(\min\{p_1^1, p_1^2\}, \cdots, \min\{p_L^1, p_L^2\} \right)$。对任意两个投标者 n、$n' \in S$，我们有：

$$
\begin{aligned}
c(S) + c(S - \{n, n'\}) &\leqslant (u_s(p^L) - p^L \cdot \bar{x}) \\
&+ (u_{S-\{n,n'\}}(p^U) - p^U \cdot \bar{x}) \leqslant \sum_{k \in S} u_k(p^L) \\
&+ \sum_{k \in S-\{n,n'\}} u_k(p^U) - (p^U + p^L) \cdot \bar{x} = u_n(p^L) + u_{n'}(p^L) \\
&+ \sum_{k \in S-\{n,n'\}} (u_k(p^U) + u_k(p^L)) - (p^U + p^L) \cdot \bar{x}_o
\end{aligned}
$$

第一个不等式来自引理 3.10，第二个不等式来自引理 3.11。接下来，引理 3.9 告诉我们，对于每一个 k，u_k 都是非递减的，并有递减的差，所以

$$c(S) + c(S - \{n, n'\}) \leqslant u_n(p^1) + u_{n'}(p^2)$$
$$+ \sum_{k \in S - \{n, n'\}} (u_k(p^1) + u_k(p^2)) - (p^U + p^L)\bar{x}$$
$$= \left(\sum_{k \in S - \{n'\}} u_k(p^1) - p^1 \cdot \bar{x} \right) + \left(\sum_{k \in S - \{n\}} u_k(p^2) - p^2 \cdot \bar{x} \right)$$

最后一行利用了一个事实，即 $p^L + p^U = p^1 + p^2$。使 (p^1, p^2) 上的最后一个表达式最小化导致 $c(S) + c(S - \{n, n'\}) \leqslant c(S - \{n\}) + c(S - \{n'\})$。因此，联盟价值都是投标者子模块。∎

引理 3.9 的证明

依据包络定理（Milgrom and Segal，2002），我们知道 u_n 处处连续并在具有单值解（single-valued solution）的价格上可微。而且，$\dfrac{\partial u_n(p)}{\partial p_i}$ $= x_{ni}(p)$，其中 $x_{ni}(p)$ 是物品 i 在价格 p 上的供给数量。于是，u_n 是非递减的。当且仅当 $x_{ni}(p)$ 在每个 p_j（$j \neq i$）中都为非递增时，该互替品条件在该成本函数中得到满足。因此，该互替品特性意味着 $\dfrac{\partial u_n(p)}{\partial p_i}$ 在每个 p_i（$j \notin i$）中都是非递增的，即 u_n 具有递减的差。∎

引理 3.10 的证明

如前文定义的，当一个联盟 S 在包含具有需求向量 z 的买家时，适

于它的联盟价值函数由 $c(S,z) = \max_{\{x_1,\cdots,x_S\},\sum x_n \leqslant z} P \cdot \left(\sum_{n \in S} x_n - z \right) - \sum_{n \in S} C(x_n, \theta_n)$ 给出，且其间接效用函数由 $u_S(p) = \max_z p \cdot z + c(S,z)$ 给出。这意味着，对于所有的 $p \in \mathbb{R}_+^L$，有 $c(S,\bar{x}) \leqslant u_S(p) - p \cdot \bar{x}$。令 B 是一个很大的数，它超过任意物品给任意联盟带来的增量价值。而且，通过挑选 p^* 的取值，即若 $\bar{x}_i = 1$，令 $p_i^* = 0$，否则令 $p_i^* = B$，我们就能得到 $u_S(p^*) = p^* \cdot \bar{x} + c(S,\bar{x})$。于是，$c(S,\bar{x}) = \min_p u_s(p) - p \cdot \bar{x}$。∎

引理 3.11 的证明

我们只需要扩展

$$
\begin{aligned}
u_S(p) &= \max_z \{p \cdot z + c(S,z)\} = \max_z \Big\{ p \cdot z + \max_{\{x_1,\cdots,x_S\},\sum x_n \leqslant z} \\
&\times \Big\{ P \cdot \Big(\sum_{n \in S} x_n - z \Big) - \sum_{n \in S} C(x_n, \theta_n) \Big\} \Big\} = \max_{\{x_1,\cdots,x_S\}} \\
&\times \Big\{ P \cdot \Big(\sum_{n \in S} x_n - z \Big) + p \cdot \sum_{n \in S} x_n - \sum_{n \in S} C(x_n, \theta_n) \Big\} \\
&= \sum_{n \in S} u_n(p) \quad ∎
\end{aligned}
$$

3.7　维克里拍卖的其他缺点

我们已经观察到，维克里拍卖的一个缺点是，它在有些示例中会导致拍卖师的低收益。也就是说，拍卖师若是买家，会有高成本；若是卖家，会有低收益。奥苏贝尔和米尔格罗姆（2006）还给出了其他的相关缺点。在这里，我们考虑一些至今较少被注意的缺点。

3.7.1 报告的复杂性

在维克里拍卖中，要求每个投标者对可能被分配的每一拍卖品束报告其报价。在一场有 N 件拍卖品的拍卖中，存在 2^N 种可能的组合，这个数随着 N 的上升很快就会变得难以处理。

不过，有的时候，在一定情况下，如采用某种简洁的语言表述偏好，是有可能进行某种实用性封标拍卖（sealed bid auction）的。在这里，我们不展开投标语言方面的理论。有兴趣的读者，若想了解陈述替代品偏好的投标语言，可以参考哈特菲尔德和米尔格罗姆等人研究（Hatfield and Milgrom，2005；Milgrom，2009）；若想了解某种表达偏好（包括特定互补性）的简洁术语，应参考埃拉特和米尔格罗姆（Eilat and Milgrom，2011）。

3.7.2 计算上的复杂性

维克里拍卖的第二个缺点是，它需要的计算对于某些应用来讲有可能是无法实现的。首先，仅仅计算维克里结果 $x_0^*(\theta)$ 就需要求解一个最优化问题。当拍卖参与者的选项是离散的且物品又都不是互替品时，最优化有可能极难。在这样的情形中，按照（8）式为每个胜出者 m 计算一个维克里价格需要一个次优化来确定 $\pi_{-m}(\theta_{-m})$。

当不可能做到精确计算时，通过将近似最优化代入维克里公式来确定分配和价格的拍卖，是否有可能与维克里拍卖几乎同样有效地运作呢？在大量无法实现最优化的问题中，答案经常是"不可能"。例如，请考虑在一次拍卖中有大量投标者 N，其中有或多或少固定比例的投标者会胜出。最优价值按比例与 N 同步增长，但要支付给每个胜出投标者的价格基本上保持不变。这样，因遗漏一个投标者而在最优价值估计上出现 1% 的误差就相当于 $N\%$ 的定价误差。同样的认识也适用于任何既定大小的误差。即使凭借极好的近似最优化，在估计维克里价格上的误差仍会随问题的变大而难以承受地增大。

这是互替品条件能有助益的另一种情形。因为，当物品为互替品时，一种模拟第 2 章中凯尔索 – 克劳福德模型的算法能快速地算出稳定（从而是有效率）的配置。

3. 7. 3　伴有财务约束的投标者

在我们的维克里拍卖模型中，我们假设投标者都是卖家，而买家的情形是对称的。在最简单的模型中确实如此，但财务约束的作用可能因买家和卖家而不同，且有可能颠覆关于反谋略性方面的结论。所以，仅在这一节中，让我们假设，投标者是买家，并思考能购买一两件某物品的投标者面临的一个问题。该投标者拍得一件物品能获得数额为 10 的利润，两件物品能获得数额为 20 的利润。但是，资金出借人只愿意向参与拍卖者借出数额为 10 的资金。如果该投标者对任何成套拍卖品的报价都不可能超过 10，他该如何报价？对两件拍卖品组合报价为 10 永远是最优的，但对刚好一件拍卖品该报价多少呢？重要的结论是，答案取决于别人如何报价，即该投标者没有任何占优策略。

为此假设，只有一个参与竞争的投标者。我们考虑两种情形。在第一种情形中，竞争者对单件拍卖品报价为 5，对两件拍卖品不报价。在这种情形下，第一个投标者的最佳结果是以数额为 5 的价格购得两件拍卖品。他只需对单件拍卖品报出低于 5 的价格即可。但在第二种情形中，竞争者对单件拍卖品报价 12，对两件拍卖品报价 18。那时，第一个投标者的最佳结果是以数额为 6 的价格购得一件拍卖品，而这只能靠对一件拍卖品报出高于 6 的价格实现。这两种最佳反应的要求是不相容的，所以该投标者没有任何占优策略。

如果卖家不接受足够高的价格就不能为一定的可盈利项目筹到资金，则财务约束同样会影响卖家。这一示例与前面投标者为买家的示例很相似。

3. 7. 4　理解规则

在实际的拍卖设计中，一个重要议题是创建投标者能够理解并吸引投标者参与的规则。从这个角度看，维克里拍卖的一个重要缺点是其价格有可能很难解释，或者，如前面所说，它的价格甚至难以计算和证实。然而，这个问题还不限于那些在计算上很复杂的拍卖。即使在单件拍卖品的次优价拍卖中，实验室中的人类投标者也屡屡无法按其占优策略报价（Kagel et al.，1987；Kagel and Levin，1993；Li，2015）。向投标者解释规则可能很难：在实验中，即使在向次优价拍卖中的投标者解释了优势所在之后，他们仍可能继续采用劣势策略（dominated strategies）。在维克里拍卖中，最优报价活动的逻辑有可能很难理解，且在更多的情形中将变得更难。

3. 7. 5　合伙背离

最后，各种维克里拍卖都难以抗拒有利可图的合伙背离（joint deviations），即使背离由失利投标者发起亦然。例如，假设买家可以向卖家 1 购买，也可以向卖家 2 和卖家 3 购买。在这两种情形中，买家购得所需之物得到的价值都是 100。假定，在供给其物品上，卖家 1 有一笔数额为 15 的成本，而卖家 2 和卖家 3 则各有一笔数额为 10 的成本。这个维克里结果是卖家 1 获胜并接受数额为 20 的价格。

在这种情形中，如果失利的卖家 2 和卖家 3 串通起来，达成分别报价 X 和 Y 的协议，会出现什么情况呢？如果 $X + Y < 15$，那么这两个合谋者就赢得了这次拍卖。并分别接受数额为 $15 - Y$ 和 $15 - X$ 的价格。例如，如果 $X = Y = 1$，那么这两个合谋者胜出并各自接受一个数额为 14 的价格：对他们来讲，这是一笔好买卖，尽管对买家并非如此！请注意，这笔交易确实增加了这两个合谋投标者的收益，且实际上没有要求其中的任何一方向另一方付款。有利可图的合谋若需要现金转移，就可能留下某种可被发现的货币痕迹，从而抑制这类交易。然而，对无须转移就能起作用的合谋，发现和证明起来就要难得多。有可能发生这类合谋是维克里机制的一个潜在弱点，在任何实际应用中都需要评估这个问题的重要性。

3. 7. 6 价值的私密性

最后一个问题是维克里拍卖都要求投标者提交高机密的信息。投标者有可能抵制维克里拍卖，因为投标者的估价都是高度机密的（Roth-kopf et al.，1990）。其原因在于，他们的报告影响的可能不只限于拍卖价格；这些信息还可以在后续谈判中被劳动者、供应商和合伙人用来从投标者那里获取更好的条件。

3.8 总结

维克里拍卖因其引人瞩目的特性，使经济学对它早有研究。

- 维克里拍卖使诚实报告对投标者而言最优，并能选出实现价值最大化的配置。

- 维克里拍卖是唯一具备两种特性的拍卖机制。

- 当物品是互替品时，维克里支付导致在核内的结果。而我们已证明，这意味着该类结果在相当意义上是竞争性的。

- 然而，在有些示例中，维克里支付导致不在核内的结果。这样的结局总是使拍卖师的收益绝对低于其在任何核内配置中的收益，同时使每个投标者的收益略高于他们在任何核内配置中的收益。

- 当一个投标者，即卖家单独做出一笔投资时，使所有参与者总收益最大化的同样选择也会使该单独投标者的收益最大化。

- 当有多个投标者－卖家能投资以减少其成本时，就存在该投资博弈的一个纳什均衡。在该均衡中，每一个卖家的投资都是有效率的。

- 不过，也可能存在伴有无效率投资的其他纯纳什均衡，这要么是因为投资水平不当（过低或者过高），要么是因为错误的投标者进行了投资。

- 尽管有种种优点，维克里拍卖也有若干可能很重要的缺陷：

° 拍卖师的维克里收益有可能非常低，即使有失利的投标者愿意提供更好的交易时亦然。

° 在封标机制中，投标者可能不得不就数目很大的组合确定估价，这可能令人生畏。

    ° 在有的情形中，投标者受制于财务约束（如信贷限制或预算限制），使他们能给出的报价水平受到限制。在这些情形中，维克里拍卖不拥有任何占优策略属性。

    ° 计算一次维克里拍卖中的配置需要求解一次最优解，这在某些情形中可以是极具挑战性的。为每个获胜投标者计算价格都需要另外求解一次最优解，所以，若有 k 个获胜者，拍卖师就必须求解 $k+1$ 次最优解。在实践中，这些计算有可能使维克里拍卖难以被投标者理解，从而有可能使他们采用劣势策略或使他们全然丧失投标的勇气。

    ° 在维克里拍卖中，出局投标者有时能够进行有利可图的合谋以变成获胜投标者。而且，合谋有可能对所有相关当事方都完全有利，从而无须合谋者进行可能被察觉的现金转移。

    ° 维克里拍卖要求投标者如实地报告估价，但投标者也许想要隐瞒那样的信息，因为那些信息可能会影响未来的谈判。这种动机有可能毁灭该机制的如实报告特性。

第 4 章

延迟接受拍卖和近似互替品

　　维克里拍卖是唯一能够计算和选出有效率配置的反谋略直言机制。尽管有这个不容忽视的优点，但第 3 章末尾也列出了维克瑞拍卖的不少缺陷，其中有的还很严重，使这种拍卖设计对于某些应用来讲是不切实际或无法接受的。

　　错综复杂的约束有可能对维克里拍卖造成难以克服的挑战。在本章中，鉴于美国联邦通信委员会的频谱激励性拍卖具有的规模和经济影响，我要在该拍卖的背景中介绍这种挑战。在这项应用中，最大的约束与确保任何两个电视播放站的播放都不会引发某种不可接受的干扰相关。类似的成对约束可在许多应用中见到，尤其是在交通系统中。例如，在空中交通控制中，需要为航班排时间表，以免任何两架飞机过于接近，而相似的限制也适用于铁路运输。

　　就联邦通信委员会的频谱激励性拍卖而言，计算最优配置的问题极为棘手，曾经使采用维克里拍卖的建议陷于灭顶之灾。对该问题的模拟

表明，即使采用适于细致问题架构的最优商用算法（Gurobi 和 C -
Plex＊），在高速计算机上运算数周，仍无法找到最优解。在给定问题难
度的情况下，分析师们身手不凡，求出的解至少有 97% 是最优解，却
远未好到可以算出维克里价格的一个像样的近似值。

其原因在于，对每个成为获胜投标者的播放站 n 来讲，准确的维克
里价格是 $\hat{V}_n - \overline{V} + v_n$。其中，$\overline{V}$ 是 n 被认可为获胜时仍留在无线广播中的
播放站具有的最大总价值，而 $\hat{V}$ 是播放站 n 被迫成为出局者时的最大总
价值。要想认清该估算问题有多严重，假设在这两种计算中，有一种，
能精确做到，比如 $\hat{V}_n$，而对另一种只能达到实际最优解的 0.99，即
$0.99\,\overline{V}$。这样一来，支付给一个获胜者的维克里估价会因 $0.01\,\overline{V}$ 的差幅
而过高。由于在美国约有 2 000 个电视播放站，平均的播放站价值必然
约为 $0.0005\,\overline{V}$，因此该维克里定价误差大约是播放站平均价值的 20
倍。如果将这种估计误差倒过来，则该误差的量级依然相同，但估计的
维克里价格通常会是负的，从而违背了维克里拍卖的逻辑。这项分析表
明，即使只想得到维克里价格的一个适度估计值，最大化也必须非常近
似于完美。这是该项应用的一个问题，因为检验维克里价格计算的正确
性是一个 NP 完全问题。该激励性拍卖因伴有数以千计的选择变量和
270 万个约束条件而过于庞大，无法在计算上确保这个问题要求的
精度。

那该怎么办呢？至少这些计算上的问题意味着，拍卖设计需要放弃

＊　Gurobi 即 Gurobi Optimizer，美国 Gurobi 公司开发的大规模数学规划优化软件。C - Plex，全称
　　"IBM ILOG CPLEX Optimization Studio"，是美国 IBM 开发的商用最优化软件。——译者注

在现实中实现最优化的目标，但即便如此，仍有种种挑战。首先，我们都希望我们用的任何算法能给出一个高度近似最优化的可能值，从而不会因达不到最优性而损失太多。其次，一旦我们放弃了最优化，也许就能够使拍卖具备维克里拍卖缺乏的其他良好特性。我们可以期望更好的激励特性（如某种群组反谋略性，group strategy-proofness）、更简单（对投标者而言更明显的计算），或者在获胜投标者愿意支付的价格上给他们提供更大的隐私保护。基于本章所介绍理论的最终拍卖设计囊括了所有这些优点。

4. 1 维克里拍卖的替代项目

本章描述的理论中很大一部分属于首创，目的是要应对联邦通信委员会频谱拍卖中的特有挑战。

4. 1. 1 频谱激励性拍卖项目

如第 1 章介绍的，从 20 世纪中期起，电视产业已有过几次自我革命。最初，每个看电视的人都是在三个 VHF（甚高频）频道（第 2、4、7 频道）之一上收看无线播放节目。渐渐地，可看的频道变多了，还纳入了属于 UHF（超高频）范围内的频道，而这类频道被认为相比于早期的模拟电视信号是很差的。接下来就是有线电视和卫星电视。再接着是从模拟信号向数字信号的转型，这大幅提高了可用频率的运用效率，使高清晰度的节目得以播放。

到 2012 年，约 90% 的美国住户在利用电缆或卫星而非无线播放接收电视信号。从 2007 年（第一部苹果手机问世）至 2012 年的 5 年之内，对使用移动互联网接入的频率需求有过爆炸式的增长，而人们预测这种增长还将继续。政策制定者很想知道他们是否能使一种更替成为可能，即可以让移动电话公司和其他机构购买那些被用于 UHF 电视播放的频率，因这些公司和机构发现，这些频道是用于第四代移动宽带技术（4G）的理想频道。而激励性拍卖的意图就在于使这样一种更替成为可能，同时为美国财政部筹资。

这样的激励性拍卖因若干理由而具有了历史意义。首先，它涉及的货币金额极高，有可能高达数百亿美元。其次，在以前的拍卖中从未有过这种交换（swap）。早期的频谱拍卖都是出售当前未占用频道的使用权，因此拍卖者无须担心能否筹到足够的钱支付给卖家。而现在这种拍卖设计中，最独特和最困难的部分与如下问题有关，即从 UHF 播放机构购买并清出一定数量的频谱，并使它们可被用于他途。

4.1.2 联邦通信委员会频谱激励性拍卖中的配置约束

要想用正规术语描述这种拍卖，第一个任务是开发出一套标识符号叙述播放站对频道的分配。我们将要定义的变量都是逻辑变量，即都是关于这种分配的陈述。我们用 (X, c) 表示"指定播放站 X 在频道 c 上播放"。这正好是一个陈述，因而它可能是真的，也可能是假的。电视播放站对频道的分配构成一个真陈述集，即一个配对集 $P \subseteq S \times C$，其中，S 是播放站集合，C 是可能频道的集合。

种种陈述的一定组合不可能同时为真，这要么出于逻辑上的原因，要么是因为拟议中的播放站分配会在播放机构之间造成不可接受的干扰。例如，从邻近发射塔播放的两个播放站不能使用同一频道。有关这个问题的所有约束要么与单一播放站有关，要么与一对播放站有关。

要描述这些逻辑约束，我用 ¬ 表示逻辑上的"否定"，用 ∨ 表示逻辑上的"或者"，用 ∧ 表示逻辑上的"和"。而约束都用各种集合的一个分类（$C_X, X \in S$）和一个集合 $\hat{I}$ 描述，并伴有如下解释：$C_X \subseteq C$ 是频道中被允许分配给播放站 X 的子集，而 $\hat{I} \subseteq (X \times C)^2$ 则为成对播放站列出了所有非兼容的频道分配。根据这些解释，若这些约束同时用文字和数学符号表述，则呈现如下：

1. "S 中的每一个播放站都分到了（至少）一个适于它的频道。"

$$\wedge_{X \in S} \vee_{c \in C_X}(X, c)$$

2. "S 中没有任何播放站分到两个不同的频道。"

$$\wedge_{X \in S} \wedge_{c \neq c' \in C}(\neg (X, c) \vee \neg (X, c'))$$

3. "没有任何两个播放站分得不兼容的频道。"

$$\wedge_{(X, c, X', c') \in \hat{I}}(\neg (X, c) \vee \neg (X', c'))$$

在联邦通信委员会的频谱激励性拍卖中，约有 270 万项这样的约束。其中最简单约束要求两个位置紧邻的播放站不能分配到相同频道上。

要想深入了解这个问题，让我们聚焦于一种适用两个条件的特殊情形。第一个条件是，所有播放站都有资格占用同一批频道 C，这使我们可以在逻辑约束中用 C 取代 C_X。第二个条件是，唯一要紧的干扰存在于两个紧邻的播放站之间。当这些条件都得到满足时，我们就能以下列方式用一张图更简单地写出各种约束。

令 $A \subseteq S \times S$ 描述相互邻近因而不能分得相同频道的成对播放站集合。我们的假设意味着 $\hat{I} = \{(X,c,X',c) \mid c \in C, (X,X') \in A\}$。我将各播放站 S 当作一张图中的各个节点，而将 A 当作对应的弧集。两个播放站 $(X,X') \in A$ 被认为是紧邻的。仅使用 $|C|$ 个频道检验以不引发干扰的方式向各播放站分配频道是否可行，有着与图着色问题相同的逻辑结构。因为图着色问题就是要决定，在给定图 (S,A) 的情况下，是否有可能用 $|C|$ 种颜色为每个节点着色，从而没有任何两个紧邻的节点是同色的。

这个图着色问题被公认为是 NP 完全级别的（Karp，1975）。对适用于任何 NP 完全问题级别的每一种已知算法，都存在一系列规模 s 方面的问题。因为正是在这个规模级别中，求解时间因 s 而呈指数式增长。在实践中，即使在中等规模的问题中，仍会有一些问题就算是在最快的计算机上也需耗费极长的时间求解。

这种计算复杂性对于激励性拍卖这样的应用有很大的影响，因为在这种拍卖中，不出售其权利的电视播放站必须要分得某个频道。要决定是否有可能接受电视播放站的报价集并拒绝别人的报价，联邦通信委员会必须决定是否有什么可行的办法向不出售权利的播放站分配频道。如我们已看到的那样，这与图着色问题相当类似，且它的难度有可能极高。

4.1.3　单一意图投标者

本章从头至尾，都将注意力限定于"单一意图的卖家投标者"，这是指投标者只有一个播放站要出售且面对单一的决策——卖或者不卖。

在实际的激励性拍卖中，有些投标者拥有多个播放站，且有的投标者对那些播放站还拥有卖或不卖之外的选项，所以此处提出的这个理论并不完全适于这项应用。但如果说成为某个大群体组成部分的电视播放站往往都是具有较高价值的播放站，那么这种拍卖中的真实卖家大多数是单一意图投标者。这都是些较小的投标者，对他们中的多数来讲，卖或不卖是其主要的选项，且在这样的情形中，缓解投标者面对的报价问题将是核心的设计挑战。[①]

小投标者的一个特殊需要是要确保他们能理解拍卖规则以及规则包含的种种激励。其计算必须比维克里拍卖中的计算简单得多。维克里拍卖中的计算复杂难懂，因而就算技术专家真有办法执行它们，投标者也未必相信其正确性。投标者不信任的后果可以是不参与，从而威胁拍卖的成功。

4.1.4 "明显反谋略"机制：非公式化讨论

因报价容易且省去了某些成本，反谋略机制能拥有超越其他机制的重要优点。在我们的理论模型中，一个探明竞争对手报价的投标者不可能利用信息精明地报价，因为简单、诚实的报价永远是最优的。任何投标者都不可能靠研究、刺探其竞争对手以掌握他的类别，或者通过给自己的信息加密隐瞒类别以改善自己的机遇。在标准的密封投标中，投标者希望能够出其不意地以低价从竞争对手手中赢得拍品。与此不同的是，反谋略拍卖中不存在任何这样的潜在好处。

不过，反谋略性可能仍不足以使报价对投标者来讲是真正简单的。我们已经看到，反谋略的维克里拍卖会遇到严峻的计算问题，但即使它们不面临这类问题，反谋略机制的优点也可能因若干原因而得不到完全的认识。首先，实验证据（Kagel and Levin，1993）表明，在普通的次优价拍卖中，尽管该机制实际上是反谋略的，但投标者还是常常出错。其次，在计算很具挑战性的情境中，可能很难使投标者信服反谋略性。其三，如果投标者不能验证计算，他们就可能怀疑拍卖师正确实施计算的能力。最后，投标者可能担心不老实的拍卖师会偷看报价并另外提交使他们失败的报价以操纵拍卖价格。

所有这些问题都是可以克服的，办法是放弃所有直言机制，倾向更具动态的拍卖机制，以创造出一种反谋略机制，即就算投标者不理解该结果函数要求的计算，不信任拍卖师会正确地计算，没有能力按命题2.7 的证明思路导出反谋略性，也不相信拍卖师会不偷窥众卖家提供的报价，这个机制仍能得到投标者的信任。用李绳武（Shengwu Li，2015）的话讲就是，这样一种机制是"明显反谋略的"。有一个迹象表明这是有可能做到的，它来自凯格尔和莱文（Kagel and Levin，1993）的另一个发现，即在同样的实验室情境中，投标者对次优价拍卖困惑不解，但在易趣网上用的简单的价格递增拍卖中，他们采用的却是占优的诚实策略。

与直言机制不同，在动态机制（dynamic mechanism）中，某投标者并不仅仅报告估价，而且还可以有多次报价机会。例如，在价格递增拍卖中，投标者通常有多次机会改善（即提高）其报价。如果投标者是卖家，则价格递减拍卖的运作与此类似，投标者可以通过降低其报价而动态地改善要约。

价格的发现

在动态机制中，投标者 n 的一项策略 σ_n^*（"诚实的"策略）与该投标者的任意其他策略 σ_n 相比，如果在这两种策略首次出现分叉的任何 n 的选择节点上，继续遵循 σ_n 的最高可能收益少于或等于继续遵循 σ_n^* 的最低可能收益，就说策略 σ_n^* 是明显占优的（按照李绳武的定义）。如果一个机制的特性是每个投标者都永远拥有一种明显占优策略，该机制就是明显反谋略的。在本节中，我们对这个概念只给出文字解说，在下一节中要为一种特殊的拍卖类型使用公式化的标识符号。[②]

当拍卖师要出售（或购买）某单一对象时，很容易看出，维克里的次优价拍卖不是明显反谋略的。假设，有个投标者愿意出售某拍卖品，他对物品的估价为 10，但考虑是否要开价为 8。如果该投标者开价为 10，即采用占优策略，则能够出现的最坏情况是他可能输掉，所得收益为零。如果相反，该投标者开价为 8，他有可能在 $X > 10$ 的某价位上获胜，并在 $X - 10 > 0$ 时获得一笔正收益，所以他的最优可能收益严格为正。既然诚实开价的最低收益少于背离诚实的最优收益，该拍卖就明显不是反谋略的。

与此相反，请考虑一种动态时钟拍卖机制，这里的"时钟"是非正式名称，它表示展现可变价格的显示器。该价格时钟在高价位上启动并在整个拍卖过程中令价格渐次下行。每当一个投标者的价格变化时[*]，就问该投标者，他是否要继续在场。只要投标者答复"不在场"，他就退出拍卖。当只有一个剩余投标者从未说"不在场"时，该投标者就获胜且他需要支付的是他已接受的最后价格。由于价格降低量极小

第4章　延迟接受拍卖和近似互替品

（小于各投标者之间的任何供给成本差），如果展现给投标者的价格都几乎相等，且一次只调节一个投标者的价格，这个机制就模仿了维克里拍卖。其理由是，第一，这个机制是反谋略的；第二，最后仍然在场的投标者具有最低的供给成本；第三，此时的时钟价格几乎等于次低供给成本。

但与维克里拍卖不同，在时钟拍卖中，每个投标者都有明显的占优策略：只要价格高于他的估价，他就应当说"在场"，否则他就应当说"不在场"。要证实这种"诚实的"策略是明显占优的，请注意，投标者在任何选择节点上起步都不能赔钱出售，所以采用诚实报价的可能连续收益最低为零。如果该投标者采用任何其他策略，那么在起步的任何选择节点上，都背离了诚实策略，可能连续收益最高为零。其原因在于，这样的投标者要么错误地说"不在场"，从而永远得到零收益；要么在价格已低于估价时错误地说"在场"，此时的最优结果是他输掉并挣得零收益。

在关于明显反谋略性的定义中有很多精妙之处。首先，与验证占优策略相比，在该机制的运行过程中投标者可能更易于验证某种被荐策略是否明显占优。因为，这种验证只需要比较代表最优收益和最差收益的两个数，虽然这种比较在每次选择时都要做。与之不同的是，在次优价格拍卖中，要验证诚实报价比任意特定的替代策略更好，投标者就需要计算和比较潜在收益的两个向量，相当于将他所能挣得的收益与其他投标者的所有可能策略组合的收益相比较。要证实某种策略是占优的，就必须把每一种替代策略做类似的比较。而这在日常术语中有时被说成，在维克里拍卖中占优性需要做"相机推断"（contingent reasoning）：投

153

标者需要考虑一些个别情形，并就每一种情形比较两个策略可能发生的情况。显然，反谋略机制能使参与者免于运用相机推断。

其次，在时钟拍卖中，投标者理解和信任机制运行者的必要性下降了。要断定一种策略是明显占优的，投标者只需要知道两件事：如果他说"不在场"，他就要带着零收益退出；而如果他说"在场"，则要么是他赢得按价位供应的权利，要么那套机制将通过另定一个更低价格而继续下去。投标者没有必要知道的事情包括，有多少其他投标者参与，有多少拍卖品要被购买，这个时钟将来会选什么价格，以及即使没有其他投标者在场时，该时钟是否仍能令价格渐次下行。对投标者来讲，要得出自己的结论，除了刚才指出的两件事之外，无须知道、理解或相信任何其他事情。另外，投标者也无须害怕拍卖师会偷窥报价。按规程，拍卖师要看着那些报价运行该机制，但与封标拍卖不同，在封标拍卖中，拍卖师能够探明如何安全地操纵价格，而在时钟拍卖中，拍卖师没有任何安全的操纵办法，因为他不知道投标者对下一个价位将如何反应。

动态机制有助于简化激励计算，但将动态机制的结果与其他机制的结果相比较，则结合运用直言机制还是有帮助的。一旦我们明确了投标者人数、他们的诚实策略，以及关于时钟何时下行和下行多少的规则后，若我们得到了投标者的类别 θ，就能推断动态机制中源于诚实报价的配置和价格。我们称这种成对的配置和价格为 $(\alpha(\theta), p^\alpha(\theta))$。收取有关投标者类别的报告并产生结果 $(\alpha(\theta), p^\alpha(\theta))$ 的机制是直言机制。显而易见，如果动态拍卖是明显反谋略的，那么 (α, p^α) 就是反谋略的直言机制。

直觉上看，直言机制描述的情形是，投标者将他们的类别报给拍卖师，而拍卖师则恰如投标者想要的，承诺在该动态机制中采用诚实策略。一个投标者要想发现向拍卖师谎报其类别是有利可图的，他就必须要发现背离明显反谋略的做法是有利可图的，而这是一个矛盾。

4.2　延迟接受时钟拍卖

现在让我们转向拍卖师是买家、投标者都是卖家，且他们各有一件物品要标价出售的情形。前文已非正式地描述过时钟拍卖，它们都包含某种重复的过程，在该过程中，拒绝某一价位的投标者都被不可逆转地移出拍卖，不到拍卖的最后不会认定任何投标者为胜者。认定胜者的决策被推至最后，而著名的盖尔 – 沙普利延迟接受算法（Gale-Shapley deferred-acceptance algorithm）也有此特点。这两个事实导致我们称这样的机制为延迟接受时钟拍卖（deferred acceptance clock auction）。[③]

要想将足够的细节置入前文的非正式描述以允许作正式处理，需要有两个另外的规定。第一点涉及在拍卖过程中应就已发生之事向每个投标者通报什么，第二点是要明确价格要约是如何确定的。在任何反谋略机制中，无论参与者得知其竞争对手的动向是什么，他们的最优选择总是最优的，所以我们可以简化描述，即将注意力集中在投标者在决策时能得知全部既往博弈历史的机制。在接下来的各段中，我们在不同的延迟接受时钟拍卖中做出的唯一正式区分是一个独特的函数 p，它被用来决定如何设定价格。我们对 p 施加的唯一约束是，从一个回合到下一个回合，任何投标者都不得提高价格。

价格的发现

需要我们引入标识符号的关键概念是有关投标回合、在场投标者，以及历史时段的概念。拍卖在一系列离散回合（ $t = 1, 2, \cdots$ ）中发生，且在每一回合 t 中，都有某个投标者集 $A_t \subseteq \mathcal{N}$ 依然"在场"。拍卖中到回合 t 为止的在场历史时段被标识为 $A^t \overset{def}{=} (A_1, \cdots, A_t)$ 。令 $\mathcal{H}$ 为所有可能的在场历史时段集。

一种时钟拍卖就是一个函数 $p : \mathcal{H} \to \mathbb{R}_+^N$ ，从而对于所有的 $t \geqslant 2$ 和全部历史时段 A^t ，有 $p(A^t) \leqslant p(A^{t-1})$ 。函数 p 标明了一种以下列方式展开的经济机制。起初，所有的投标者都在场，即 $A_1 = \mathcal{N}$ ，且第 1 回合提供的价格由向量 $p(A_1) = p(\mathcal{N})$ 给出。在每一回合 t 中，价格都由向量 $p(A^t)$ 给出，且每个投标者 n 都获悉全部历史 A^t 。因而，每个面临 $p_n(A^t) < p_n(A^{t-1})$ 的投标者 n 都要就是否退出做二项式选择，而面临 $p_n(A^t) = p_n(A^{t-1})$ 的投标者不做任何选择。不退出的投标者被称为续留。选择在回合 t 退出的投标者集被标识为 $E_t \subseteq A_t$ 。下一回合中的在场投标者都是未曾退出的，即 $A_{t+1} = A_t - E_t$ 。按照构造，在接续的回合 $t - 1$ 和回合 t 中，向投标者 n 开出的价格只能下降： $p_n(A^t) \leqslant p_n(A^{t-1})$ 。该拍卖在出现 $p(A^t) = p(A^{t-1})$ 的第一个 $t \geqslant 2$ 的回合中结束，也就是说，该拍卖结束于定价规则认定的价格不变之时。在最终回合 t 中，当且仅当 $n \in A_t$ 时，投标者 n 才是一个获胜者。胜出的投标者售出其物品并按最终价格 $p_n(A^t)$ 得到支付。转译为文字的话，就是说，获胜者是那些在拍卖结束时仍然在场的投标者，而支付的价格就是最终的时钟价格。

令 $\mathcal{H}_n = \{ A^t \in \mathcal{H} \mid p_n(A^t) < p_n(A^{t-1}) \}$ 。这些都是 n 必须选择退出

还是不退出的历史时段。投标者 n 在此机制中的行动计划被称为策略，它是一个函数 $\sigma_n : \mathcal{H}_n \rightarrow \{退出，续留\}$。也就是说，策略要明确是否在行动的哪个历史时段之后退出。如果 T 是拍卖的最终回合，最终的历史时段就被标识为 $A^T(\sigma)$，而每个投标者 n 的收益被描述为：

$$\pi_n(A^T(\sigma)) = \begin{cases} 0, & 若\ n \notin A^T(\sigma) \\ p_n(A^T(\sigma)) - v_n, & 若\ n \in A^T(\sigma) \end{cases} \quad (13)$$

其中，v_n 是投标者 n 提供其拍卖品的（机会）成本。拍卖结束时已不在场的投标者都是"出局投标者"：他们既不供给物品，也不接受支付，且挣得零收益。结束时仍然在场的投标者成为胜出者，他供给一件拍卖品并接受一笔相当于所获价格和供给成本之差的收益。

4.2.1　激励的属性

我们的第一个任务是描述延迟接受时钟拍卖的良好激励属性。这里要分析两种属性。一种与明显的反谋略有关，另一种与投标者群体在拍卖中合谋的激励有关。

定义

1. 如果在回合 t 采用策略 σ 导致历史时段 A^t，策略组合 $\sigma = (\sigma_1, \cdots, \sigma_N)$ 就与历史时段 A^t 一致，我们将此写为 $\sigma \in C(A^t)$。

2. 策略 σ_n 明显优于策略 $\hat{\sigma}_n$，条件是 $\sigma_n(A^t) \neq \hat{\sigma}_n(A^t)$ 意味着

$$\max_{|\sigma_{-n}|(\hat{\sigma}_n, \sigma_{-n}) \in C(A^t)|} \pi_n\left(A^T(\hat{\sigma}_n, \sigma_{-n})\right)$$

$$\leqslant \min_{|\sigma_{-n}|(\sigma_n, \sigma_{-n}) \in C(A^t)|} \pi_n\left(A^T(\hat{\sigma}_n, \sigma_{-n})\right).$$

3. 策略 σ_n 若明显优于每一种替代策略 $\hat{\sigma}_n$，它就是明显占优的。

4. 延迟接受时钟拍卖中的诚实策略规定，如果 $p_n(A^t) < v_n$，$\sigma_n(A^t) = $ 退出；否则，$\sigma_n(A^t) = $ 续留。

直觉上看，如果在博弈的任意可能历史时段 A^t 之后，一个博弈者径直背离 σ_n 希望获得的最优收益并不优于绝不背离且永远按 σ_n 博弈能获得的最差收益，策略 σ_n 就是明显占优的。有关明显反谋略的证明本身就应该是显而易见的——投标者还能如何别做他解？而且幸运的是，这一个证明就是。

命题 4.1

在每一种延迟接受时钟拍卖中，诚实策略都明显占优。

证明

首先假设 $p_n(A^t) \geqslant v_n$。如果一个卖家在此时退出，从而背离了诚实报价，则退出就隐含着 $n \notin A^T$：该投标者出局并获得零收益。诚实报价从不包含小于零的收益，所以诚实报价总是至少与在 $p_n(A^t) \geqslant v_n$ 时遵循任何连续博弈路径具有的最优可能性一样好。

接下来，假设 $p_n(A^t) < v_n$。此时，诚实报价的投标者退出并获得零收益。如果一个卖家此时背离诚实报价，会有两种可能性。要么 $n \notin (A^T)$（该卖家出局），此时，他的收益为零；要么 $n \in A^T$，此时，他在 $p_n(A^T) \leqslant p_n(A^t) < v_n$ 的价位上胜出并获得 $p_n(A^T) - v_n < 0$ 的收益。其最优可能性是他获得零收益，所以诚实报价总是至少与 $p_n(A^t) < v_n$ 时

沿着任何连续博弈路径具有的最优期望可能性一样好。∎

明显反谋略的一个有趣含义与投标者群体合谋的激励有关。任何拍卖都免不了合谋，因为获胜者能通过合谋贿赂失败者让他们不参与投标，或者规避残酷竞争。但是，如我们已经看到的，维克里拍卖尤其难以避免合谋。它们无须以支付贿赂来鼓励合谋。有时，在这种拍卖中，失败者可以通过合谋使他们变成获利的胜出者。这种影响可能很大。因为与无须付钱，只需眨个眼、点个头或者认可投标者共同利益便实现合谋的方式相比，以支付为形式的合谋会造成高得多的被察觉风险。所以值得指出的是，当一种拍卖能抵制较容易的合谋形式时，即当任何投标者群体都无法在拍卖中改变其策略时，拍卖本身就一定能引导所有投标者获得更高的收益。

定义

一种拍卖，如果（ⅰ）诚实报价（标识为 $\bar{\sigma}$）是占优策略，且（ⅱ）不存在任何投标者集 S 和替代性策略组合 σ，使对于所有的 $n \in S$ 有 $\pi_n(\sigma_S, \bar{\sigma}_{N-S}) > \pi_n(\bar{\sigma})$，它就是群体反谋略的。

命题 4.2

每一种延迟接受时钟拍卖都是群体反谋略的。

证明

请考虑潜在合谋者的任意集合 S'，并考虑他们中的某人，比如说投标者 n，在第一回合中背离诚实报价。此时，他的价格丝毫不高于他的价值，所以，不管 S' 中其他博弈者的策略是什么，n 的背离都不可能导致大于零的收益。相比之下，诚实报价从不导致小于零的收益。所以投标者 n 绝不因参与合谋群体而获利。■

4.2.2　合乎贪婪算法的延迟接受时钟拍卖

让我们再次假设，拍卖师/买家拥有一些约束条件，这些条件控制着他能拒绝的投标者/卖家集合，同时又满足他的购买目标。我们的目标是考虑肯定满足这些卖家约束条件的延迟接受时钟拍卖。

运用前面定义的标识符号，一个投标者集 A，若 $A \in \mathcal{A}$，就是买家可接受的。能适宜地加以拒绝的对应报价集都是 $\mathcal{R} = \{R \mid R^c \in \mathcal{A}\}$ 中的那些。第 3 章中介绍了 $\mathcal{R}$ 的两个特性，即（ⅰ）$\varnothing \in \mathcal{R}$ 和（ⅱ）$R' \subset R \in \mathcal{R} \Rightarrow R' \in \mathcal{R}$，我们用这两个特性来构造该问题。第一个特性是指，当所有投标者都处于拍卖起点时，让所有投标者都是获胜者的结果是可行的。第二个特性是指，如果拒绝投标者集合 R（并接受投标者的补集 A）可行，则拒绝 R 的任意子集（并接受 A 的任意超集）也是可行的。

我们将注意力集中在延迟接受时钟拍卖中确保有一个可行结果的子集。直觉上看，这些拍卖是按下述方式运作的。在每个回合中，这种拍卖都要验证任何在场投标者的退出是否有不可行的风险。如果有这样的风险，就将该投标者标注为必要的。这意味着，将不再进一步降低该投标者的价格，而该投标者将最终成为胜者。其余的在场投标者都是非必要的。在任何回合 t 中，这种拍卖都按照一定的量（$\Delta(A^t) \leqslant$

$p_{n^*}(A^{t-1})$）降低非必要投标者（被标识为 $n^*(A^t)$）的价格。我们假设这个过程是有限的，[④]反复持续至所有在场投标者要么是必要的，要么被报价为零。此时，没有进一步的价格变化，拍卖结束。

下面是用标识符号表达的相同拍卖算法。

一次一个投标者的价格削减算法

1. 令 $F_t = \{n \in A_t \mid p_n(A^{t-1}) > 0, \mathcal{N} - A_t \cup \{n\} \in \mathcal{R}\}$（这是回合 $t-1$ 之后具有正价格的非必要投标者集合）。

2. 如果 $F_t = \varnothing$，有 $p(A^t) = p(A^{t-1})$ 且拍卖结束（在降低任意投标者的价格会面临他可能退出并导致不可行配置的风险时，拍卖就结束）。

3. 如果 $F_t \neq \varnothing$，则（一个投标者的价格被降至）

$$p_n(A^t) = \begin{cases} p_n(A^{t-1}) - \Delta(A^t) & \text{若 } n = n^*(A^t) \\ p(A^{t-1}) & \text{若 } n \in A_t, n \neq n^*(A^t) \end{cases}$$

由于一个投标者只有当他的价格被降低时才会选择退出，且只有当退出不会导致一个不可行配置时，才降低一个投标者的价格，所以具有这种定价算法的延迟接受时钟拍卖的结果永远是可行的。

命题 4.3

具有一次降低一个投标者价格的算法的每一种延迟接受时钟拍卖都终结于一个可行的配置。

这类拍卖有一种特别简单的算法：（1）价格降低量 $\Delta(A^t) = \Delta$ 是

一个正的常数；（2）$n^*(A')$ 在合格投标者标号 $1, \cdots, N$ 中重复循环，略过必要或不在场的投标者，或者其价格为零的投标者。我们称此为价格降低量 Δ 的标准时钟拍卖。在这种拍卖过程中的任何回合上，任意两个非必要投标者要么拥有相同的时钟价格，要么拥有正好相差 Δ 的价格。

假设在标准时钟拍卖中，每个投标者 n 都采用他的明显占优策略。于是，如果价格降低量 Δ 足够小，第一个要退出的投标者将是第一个发现价格已跌至其估价以下的非必要投标者。如果这样的投标者独此一人，他就是持有最高估价的投标者；否则，他就是持有同样最高估价的投标者之一。一旦这个投标者退出，必要投标者集合就会被重新计算并有可能被扩大。下一个要退出的投标者又是当时持有最高估价的非必要投标者。因此，标准时钟拍卖中的获胜者集合就完全像是投标者向拍卖师诚实报告其估价，而拍卖师则运用某种贪婪拒绝算法决定拒绝哪个投标者。我们说"某种"贪婪拒绝算法而非贪婪拒绝算法，是因为如果有两个或两个以上的投标者持有相同估价，对投标者的排序可以影响他们中的谁会被拒绝。

命题 4.4

设 $\Delta < \min\{v_i - v_j \mid i, j \in \mathcal{N}, v_i \neq v_j\}$。于是，价格降低量为 Δ 的标准时钟拍卖以类似于某种贪婪拒绝算法的方式拒绝投标者。

接下来，我们将这些结果与第 2.4 节中引入的拟阵相联系。将命题 4.4 与命题 2.14 合并得到如下命题。

命题 4.5

如果 $\mathcal{R}$ 是一个拟阵且 $\Delta < \min\{v_i - v_j \mid i, j \in \mathcal{N}, v_i \neq v_j\}$，则价格降低量为 Δ 的标准时钟拍卖导致某种最优配置。

4.2.3　隐私保护特性

在实际的拍卖中，可能存在多种理由使拍卖师或者获胜投标者不想让别人知道他原来愿意接受的价格。就拍卖师而言，存在着一种风险，即公众或其客户得知反向拍卖中的胜出投标者原本愿意接受一个低得多的价格。在正向拍卖中，该问题的一个著名实例出现在 20 世纪 80 年代新西兰的电视许可权拍卖中。政府采用了次优价拍卖，获胜投标者支付的价格等于次高报价。在那场特殊的拍卖中，胜出者的报价是 10 万新西兰元，但获胜投标者只支付了 6 新西兰元，这就是次高报价（当时 1 新西兰元 = 0.55 美元）。报刊大肆宣扬这一巨大落差，令政府备感难堪。

投标者或许也希望隐瞒他们愿意支付的价格，以免竞争对手、供给者和其他人得知那次特殊交易可能多么有利可图。

从保护隐私权的普遍愿望来看，价格递减时钟拍卖的另一个特别好的属性就是，它并不要求所有投标者通过其报价披露其准确估价，而只是要求获胜者透露证明他应该获胜的必需的最少信息。在计算机学科中，这个特性被称为"无条件隐私权"（unconditional privacy）。除了减轻投标者对披露其估价的顾虑之外，这个隐私权概念还有一个好处，即有的投标者觉得算出准确价值很费事，而这个概念使得投标对那些投标者来讲更为容易。米尔格罗姆和西格尔（Milgrom and Segal, 2015）证明，各种时钟拍卖实质上是提供占优策略激励并保护胜者无条件隐私权的仅有机制。

4.3 近似拟阵和互替性指数

在实践中，基于贪婪算法的程序经常表现极好。在凯文·雷顿－布朗、尼尔·纽曼、伊利亚·西格尔和我对美国激励性拍卖所做的小型模拟（Leyton-Brown、Newman、Segal and Milgrom, 2016）中，我们发现，这种拍卖获得的价值通常达到最优化价值的95%以上。在实际拍卖中，维克里结果和价格根本不可能计算。在我们的小型模拟中，维克里结果耗费的时间和基于贪婪算法的拍卖相比要多出三个数量级，但后者获得的价值是最优化价值的95%以上。这一惊人的良好表现需要某种解释，而我在此处提供的只是对该解释的初步思考。

给定标准时钟拍卖在 $\mathcal{R}$ 为一拟阵时具有简易性和表现良好的特点，人们也许希望，当可行集合中的相关部分能由一个拟阵近乎完全描述时，某种相似的拍卖也能运行良好。为了使这一论断在正规意义上讲得通，我必须给出一种正规的解说，以恰当地把握"相关"和"近乎"这两个词的含义。

首先聚焦于"相关"这个词。对我头脑中有的问题，如一个繁忙空港的航班时刻表，分析者可能了解或猜到，有些约束条件，比如跑道空间，可能是最优解的重要决定因素；而其他约束条件，比如航站楼的空间，就可能较少限制性。要在模型中体现这一点，请设想，全套约束条件体现为一个集合 $\mathcal{R}$，但分析者猜想，最优解将位于更小的 $\mathcal{O} \subseteq \mathcal{R}$。假设 $\mathcal{O}$ 和 $\mathcal{R}$ 都具有自由处置属性（free-disposal property）。如果分析者不具备任何有用的信息，就需要通过指定 $\mathcal{O} = \mathcal{R}$ 以便在模型中反映那些信息。如果分析者知道，有些约束条件肯定有约束力，而别的约束条件肯定没有约束力，那么就可能出现 $\mathcal{O} \subset \mathcal{R}$。

对于"近乎"这个词，我引入一个指数来描述任意特定拟阵 $\mathcal{M}$ 中的集合与 $\mathcal{O}$ 中的集合相近似的程度。聚焦于任意特定集合 $X \in \mathcal{O}$，其最优的内部近似（best inner approximation）是集合 $M \in \mathcal{M}$，它含有 X 的最大元素数。我用 $\min_{X \in \mathcal{O}} \max_{M \in \mathcal{M}, M \subseteq X} \dfrac{|M|}{|X|}$ 来衡量该近似的最差品质。我将注意力限定于各种近似拟阵 $\mathcal{M} \subseteq \mathcal{R}$ 上，所以近似集合 $M \in \mathcal{M}$ 本身是可行的。给定这一方法，用一个拟阵近似地反映各相关约束条件的能力就由"替代性指数"（substitutability index）来描述，其定义如下。

定义

给定 N 中诸子集 $\mathcal{R}$ 的一个分类，一个最优近似拟阵可标识为 $\mathcal{M}^* = \mathcal{M}^*(\mathcal{R}, \mathcal{O})$，而其替代性指数可标识为 $\rho(\mathcal{R}, \mathcal{O})$，其中

$$\mathcal{M}^* \in \operatorname{argmax}_{M\ a\ matroid, M \subseteq R} \min_{X \in \mathcal{O}} \max_{M \in \mathcal{M}, M \subseteq X} \frac{|M|}{|X|} \tag{14}$$

且

$$\rho(\mathcal{R}, \mathcal{O}) \overset{def}{=} \min_{X \in \mathcal{O}} \max_{M \in \mathcal{M}^*, M \subseteq X} \frac{|M|}{|X|} \tag{15}$$

如果 $\mathcal{R}$ 是一个拟阵，则 $\mathcal{M}^* = \mathcal{R}$ 而 $\rho(\mathcal{R}, \mathcal{O}) = 1$。

我这里表明，在给定 $\mathcal{R}$ 和 $\mathcal{O}$ 后，这个指数还描述了某一特定贪婪算法在发现近似最优解上的最差表现。请回忆我们的符号标识惯例：$v(S)$ $\overset{def}{=} \sum_{n \in S} v_n$。

命题 4.6

$$\min_{v > 0} \frac{\max_{M \in \mathcal{M}^*} v(M)}{\max_{S \in \mathcal{O}} v(S)} = \rho(\mathcal{R}, \mathcal{O})$$

证明

令

$$v^* \in \text{argmin}_{v > 0} \frac{\max_{M \in \mathcal{M}^*} v(M)}{\max_{S \in \mathcal{O}} v(S)} \, , \, \rho^* \overset{def}{=} \frac{\max_{M \in \mathcal{M}^*} v^*(M)}{\max_{S \in \mathcal{O}} v^*(S)}$$

令 $\underline{v} = \min\{v_n^* \mid v_n^* > 0\}$ 且 $X_+ = \{n \mid v_n^* = \underline{v}\}$。对于 $\alpha > 0$，定义

$$\hat{v}_n^{*\alpha} \overset{def}{=} \begin{cases} \alpha \underline{v}, \text{若 } n \in X_+ \\ v_n^*, \text{若 } n \notin X_+ \end{cases}$$ 对于接近 1 的 α，该目标的对应值由下列函数

给出：

$$\hat{\rho}(\alpha) \overset{def}{=} \frac{\max_{M \in \mathcal{M}^*} v^{*\alpha}(M)}{\max_{S \in \mathcal{O}} v^{*\alpha}(S)}$$

$$= \frac{\alpha \underline{v} |X_+ \cap X_{\mathcal{M}^*}| + \sum_{n \in (X_{\mathcal{M}^*} - X_+) \cap X_{\mathcal{O}^*}} v_n^*}{\alpha \underline{v} |X_+ \cap X_{\mathcal{O}}| + \sum_{n \in (X_{\mathcal{O}} - X_+) \cap X_{\mathcal{O}}} v_n^*},$$

其中，$X_{\mathcal{O}} \in \text{argmax}_{S \in \mathcal{O}} \sum_{n \in S} v_n^*$ 和 $X_{\mathcal{M}^*} \in \text{argmax}_{S \in \mathcal{M}^*} \sum_{n \in S} v_n^*$。

166

第 4 章　延迟接受拍卖和近似互替品

请注意，若非 $\rho^* = \dfrac{|X_+ \cap X_{\mathcal{M}^*}|}{|X_+ \cap X_{\mathcal{O}}|}$，$\hat{\rho}(\cdot)$ 是严格单调的，并且根据 $v^* = v^{*1}$ 的最优性，$\hat{\rho}(\alpha)$ 在 $\alpha = 1$ 处被最小化。所以 $\rho^* = \dfrac{|X_+ \cap X_{\mathcal{M}^*}|}{|X_+ \cap X_{\mathcal{O}}|}$。

由此，1_{X_+}、$1_{X_+ \cap X_O} \in \operatorname*{argmax}_{v>0} \dfrac{\max_{M \in \mathcal{M}^*} v(M)}{\max_{S \in \mathcal{O}} v(S)}$ 且 $\rho^* = \rho(\mathcal{R}, \mathcal{O})$。∎

根据命题 4.6，替代性指数不仅测度各集合的最差近似度，它还测度源于求解 $\mathcal{M}^*$ 上易计算问题而非 $\mathcal{R}$ 上难计算问题的最差收益率。求解拟阵 $\mathcal{M}^*$ 上的问题是容易的，因为它正好靠一种贪婪算法来求解。而且，该贪婪算法提供了一种单调的胜者挑选规则，所以它能被纳入某种反谋略拍卖。

命题 4.6 对于像频谱的激励性拍卖那样的应用最有意义。因为，在那种拍卖中，约束条件都是已知的，并且知道哪些是在最优解上有约束力的约束条件。该命题意味着，如果 $\rho(\mathcal{R}, \mathcal{O})$ 接近于 1，就有可能制定一种特殊的贪婪算法，它将因那些实际约束条件和某个相对集合中的所有取值而运行良好。该命题为一种特殊贪婪算法的表现给出了最差限界，此种特殊贪婪算法虽是标准的贪婪算法，但采用的是约束条件 $\mathcal{M}^*$，而非实际的约束条件 $\mathcal{R}$。

有另外一些类贪婪算法，它们的表现甚至比贪婪算法更好。首先，将该标准贪婪机制用于 $(N, v, \mathcal{M}^*)$。然后，当这一机制停止时，从 $\mathcal{M}^*$ 至 R 逐渐放松约束条件，并且只要可行，按贪婪方式装入新增的物品。在最坏的情况下，如果没有新增物品可装入，其解就与那种近似的贪婪算法一样。不管怎样，这一扩展经常导致严格的改善，因为它装入了新增的物品。不难看出，这种改良的贪婪算法依然是单调的，所以它能被用作反谋略拍卖的组成部分。

4.3.1　一个频道分配的例子

与世界大多数地方一样，美国的大城市也都是靠享有船运贸易之利发展起来的。因此，大体上，我们可以对城市和播放站形成一个概念，即它们线性地沿一条海岸线有序布局，我们设定这种排列的走向是由北向南。请设想在每个都市区域内，电视播放站都紧密地聚在一起，从而若有两个播放站在相同频道上播放，一个播放站就会干扰另一个播放站的至少部分客户的信号接收。再请设想，有些靠近都市区域边界的播放站可能干扰紧邻城市中的某些播放站，因此需要向那些播放站分配不同的频道。假设有 C 个频道可用，且每个播放站都只与其 I 个北面最近邻居和 I 个南面最近邻居有某种潜在的干扰冲突。令 $x(n)$ 表示播放站 n 所在的城市。使某播放站集合 S 可行的一个明显必要条件是，对每个城市 X，有 $\left|\{n \in S \mid x(n) = X\}\right| \leq C$。也就是说，在一个城市中，我们分配的播放站在总数上不能多于可用的频道。

给定这样一个分类 S，请设想，我们设法由北向南逐次向播放站分配频道，从频道 1 开始并持续到频道 C，然后对下一个播放站从频道 1 重新开始，并以同样方式持续分配。如果 $C > I$，则每个播放站分得的频道都不会与其北面 I 个最近邻居和南面 I 个最近邻居中的任何一个相同，因此这种分配绝不会引发任何干扰。由此而来，播放站中的这个可行分类 $\mathcal{R}$ 就与拟阵 $\mathcal{R}' = \{S : |\{n \in S \mid x(n) = X\}| \leq C\}$ 吻合。如果 $C < I$，仍然有可能通过 $\mathcal{R}'$ 创造的一个拟阵从内部限定 $\mathcal{R}$。例如，增加

如下限制，即在每个城市里，I 个最北面播放站中能够继续播放从而必须向其分配频道的播放站不得超过 $C-1$ 个。实际问题中并不存在这个外加约束，而添加这一约束导致一个拟阵 $\mathcal{R}'$，它对实际的约束集 $\mathcal{R}$ 是一个内部的范围限定。虽然如此，但在这个内部范围上运行的贪婪算法导致对最优解的充分逼近。实际上，对于 $\mathcal{R}'$ 这个选项来讲，$\min_{X \in \mathcal{R}}$ $\max_{X' \in \mathcal{R}'} \dfrac{|X \cap X'|}{|X|} \geqslant \dfrac{C-1}{I}$。因此，不考虑各电视播放站的实际价值，采用拟阵 $\mathcal{R}'$ 的贪婪算法选出的播放站集，其总价值与采用实际约束条件的最优解相比，至少达到后者的 $\dfrac{C-1}{I}$。

4.4　激励性拍卖的约束条件和贪婪算法

如在上述例子中一样，在联邦通信委员会的频谱激励性拍卖中，对获胜投标者集合的那些约束条件并非间接地给出，而是作为对一个次级问题的解给出的：找出一种可行的方法向各播放站分配电视频道，使它们能进行无线广播。在这个次级问题中，存在两类约束条件：一类约束条件直接限制可供每个播放站使用的频道。例如，位于纽约锡拉丘兹的某个播放站也许无法使用某特定频道，因为那个频道被预留给一个邻近的加拿大播放站使用。第二类约束条件禁止某些成对的分配。这类约束中最常见的例子或许是禁止将两个邻近的播放站，比如播放站 X 和播放站 Y，都分到第 26 频道上。这要么是因为这两个播放站的服务区域多有重叠；要么是因为某个区域尽管已超出了 X 和 Y 的播放区域，但仍设定 Y 要为该区域服务，由于 Y 的距离较远，从而发自 X 的信号虽已相对

价格的发现

变弱，但依然足以干扰发自 Y 的信号。偶尔还会有一些其他约束条件控制着位于不同频道上的播放站。例如，有时候会禁止将播放站 X 分到第 26 频道并将播放站 Y 分到第 27 或第 28 频道。

对这种激励性拍卖，令 A 表示那些依然选择无线播放但不参与拍卖的播放站集合。对这样的播放站，总是需要向它们分配频道。另外，会存在另一个播放站集合 R，它们的当前报价是该拍卖系统想要拒绝的，因为它们索要的价格太高。将这两个群体合在一起，若这些投标者被拒绝就依然进行无线播放的播放站集合是 $S = A \cup R$。在该拍卖系统能够决定拒绝 R 中各播放站的报价之前，它必须先确定能够找到适合于 S 中的所有播放站的频道。

要研究这个问题，需要有一些另外的标识符号。对每个播放站 $s \in S$，令 $C(s)$ 表示有可能为 s 使用的频道集，并令 $C = \cup_{s \in S} C(s)$ 是所有潜在可用频道的集合。转换成文字的话，就是说，在一种频道分配中，如果 S 中的每一个播放站都分得了一个合意的频道，且对任何一对播放站的分配都没有遭到禁干扰约束条件的拒斥，这种频道分配就是可行的。一种频道分配就是一个映射 $c: S \rightarrow C$。公式化的表述就是，如果（i）对于所有的播放站 $s \in S$，有 $c(s) \in C(s)$；（ii）对于每一个成对播放站 $(s, s') \in S \times S$，有 $((s, c(s)), (s', c(s'))) \notin X$，此处的 X 是被拒绝的成对播放站集合，那么该频道分配 c 就是可行的。请回忆，N 是播放站全集（full set of stations）。从可行的频道分配中可得出宜于被拒绝的各播放站集合的集合：

$$\mathcal{R} = \{ R \subseteq N - A \mid (\exists c: A \cup R \rightarrow C)$$

第 4 章　延迟接受拍卖和近似互替品

c 是某可行频道分配 $\}$。

请注意，$\mathcal{R}$ 是各播放站集合的集合，它的定义始于一组可行的频道分配 $\{s, c(s)\} \subseteq (A \cup R) \times C$，而这种频道分配是由一组配对构成的集合，且只取自每个配对中的播放站并只包括 $N - A$ 中的播放站。这是一个复杂的建构，且没有任何条件保证 $\mathcal{R}$ 一定拥有任何特别好的结构。然而，在许多场合，它的确具有某种好的结构。

例如，如果在某都市区域中只有 15 个频道可供使用，那么被指定继续在该区域内播放的播放站总数就必须不超过 15 个。如果各都市区域都是分开的，且这些是仅有的禁干扰约束，则这个约束集将定义一个拟阵。

作为另一个例子，请设想，对任意的播放站集合 S 总能找到一种可行的频道分配 c，它不具有太多的播放站间禁干扰约束，比如有总数不超过 I 个的约束。如果 s_n 是涉及播放站 n 的禁干扰约束数量，那么确保 S 可行的充分条件就是 $\sum_{n \in S} s_n \leqslant I$，所以这描述的是一个背包问题。返回我们对背包问题的研究，通过按 v_n / s_n 给各播放站排序，并利用这个指数以贪婪方式装包，就能找到一个近似最优解。

在联邦通信委员会的实际问题中，背包约束或者近于拟阵的约束都对这种配置有约束力，而两者中哪一个有约束力，它就能够影响各播放站究竟是按 v_n 还是按 v_n / s_n 才能得到更好的排序。在 $\mathcal{R}$ 近似于一个拟阵的情况下按 v_n 排序能运行得很好；而如果背包约束是有约束力的，则按 v_n / s_n 排序就能运行得很好。还可能有种种折中。例如，可以按照 $v_n / \sqrt{s_n}$ 给播放站排序，而且有些与此类似的做法还成为联邦通信委员会激励性拍卖中使用贪婪算法的基础。

第 5 章

结论

在经济学理论中，研究竞争市场价格的教科书方法纳入了多种多样的假设，我在本书中强调了其中的两点。首先，各种资源在相当程度上都可以被描述为总量，忽略了许多易于使个体物品具有唯一性的因素。其次，是一个密切相关的假设，即在加于一种配置上的种种物质性约束当中，唯一要紧的是资源约束。这些约束表明，任何人对一种物品的配置都不能超过可得的供给。例如，在讨论经由某大城市空港的空中交通时，经济学教科书可能会将该机场的日客流量视为既定。于是，为了鼓励有效率的运用，对航空公司收取旅客人头费是可取的，因为这种收费可以在一天中最拥堵时段和最空闲时段之间变化，以鼓励航空公司避免在最拥堵时段增加航班。

但是，对于要决定哪架飞机可以起飞和哪架飞机可以降落的空中交通管制人员来说，这种上层的调控远非完备的考虑。挑战不只是要确保一个机场在高峰时段内对总客流量施加恰当的限制，而且要分配降落时间、跑道和航站楼以应对整个流量中的种种细节。在各种运输网络中，必须建立种种约束以确保汽车、飞机和列车不会相撞，而并非只是限制总的交通流量。与此类似，在为广播电视配置频率时，只限制每个城市中广播的播放站数量是不够的，还需要在避免广播信号相互干扰的前提下，将各广播机构分派到各频道上去。

在实践中，对一些约束的处理会因长期计划和短期计划而有不同。当一个消费者在晚上 8：02 关掉一盏灯时，它无助于拥有在晚上 8：04 输送的电力。在抽象的经济学理论中，借助于概念上的把戏，对这样的细节置之不理：有人说，不同时点的电力代表不同的产品，而这个例子中的消费者需要的是这一产品，不是另一产品。但是，这样的把戏在一个由价格引导的资源配置系统中没什么用处，因为它导致了过多的产品和过多的不同价格。在实践中，没有任何办法设计一个电力系统，使它的报价和价格每一秒或哪怕是每一分都在变化。从长期看，给电力系统做规划时，规划者可以了解电力总需求量的峰值是多少；但从短期看，当电力被输送时，有关何处和何时的每一个细节都会因为其重要性而赫然耸现。合乎实际的结论是，即使在以市场为特征的电力系统中，产品也不是按每一秒或每个位置区分的电力。相反，我们采用的产品定义要粗糙得多，而一个集中化的系统操控者会对市场参与者做出各种决策，以填补市场投标未予决定的各种细节。

经常有各种严密构建的模型被用于短期内的资源调度，这类模型与运用价格和拍卖引导资源配置的可能性之间存在鸿沟，本书的目的就是要在一定程度上跨越这个鸿沟。在经济学分析中很重要的一点是，如果价格有助于引导短期配置，那么同样的价格就应当能为长期的产能决策提供好的投资激励。第 3 章的很大部分在分析这种关系。

另一组问题涉及价格何时能够哪怕是大体地用于引导短期决策。常见的情况是，它们不可能得到运用。在计算上，短期配置问题有可能很难，而支持有效率决策的价格有可能根本就不存在。这就是本书的另一个主题与拍卖运用有关的原因。如我们已经看到的，当物品是严格的替代品时，出清市场的价格确实存在且能用价格递增拍卖发现它们。而新的发现是，当物品是近似替代品时（我的分析测度并使之精确的一个条件）也存在各种价格递增拍卖，它们导致近似有效率的配置。而且，这些拍卖具备某些特别的属性。如第 4 章中解释的，这类拍卖可以是群体反谋略的、明显反谋略的，以及为胜出投标者保护隐私的。

这类分析都是新的。而且，在本书的写作过程中，这些思想中的某些方面在联邦通信委员会的播放激励性拍卖的设计中得到了大规模运用，这对它们的价值是一种检验。若获得成功，这种应用就可以为交通和其他部门中的另外一些资源配置难题设立样板。

注　释

第 1 章

①根据美国小麦联合会的规定（http：//www. uswheat. org/wheatGrade），2 号红麦是无资格成为 1 号麦但其重量仍至少达到每蒲式耳 58 磅的小麦。其条件中还包括不超过 4% 的受损粒；包括受热损害不超过 0. 2%；含有不超过 0. 7% 的外来杂质，不超过 5% 的萎缩粒和破损粒，不超过 5% 的其他等级小麦（如白麦）或 2% 的大差异等级小麦；以及总不合格品率不超过 5%〔包括各种受损粒（总计）、外来杂质，以及萎缩和破损粒〕。

②新古典模型的另一个问题是，当对产品做极精细的定义时，需要太多的价格。而该模型的很大一部分吸引力恰恰在于，不多的单项价格就能引导包含多个项目的复杂决策。例如，就某种空中交通控制问题而言，两架飞机不相撞的约束可以表述为一种资源约束，方法是将每一分钟和每一立方米的空间都视为分立资源。一个航班计划占用这些资源的一个特定集合，而一组航班计划，如果对任何一种资源的总需求都不超过 1，它就是内在一致的。这是一种逻辑连贯的阐述，但出于找到一组最佳航班计划的考虑而调整单项资源的价格将不可能成功。如我在后面将要论证的，航班计划占用的是互补资源，与引导那类资源的运用相比，价格在引导多种资源间的互替上要有效得多。

③若干钉子户照片可见 www. oddee. com/item_99288. aspx 。

175

④记录保存也是当代市场设计中的一个议题。在创建一个成功的肾脏交易系统方面，最初的步骤之一就是创建病人、捐献者及其特点的数据库（Roth et al., 2005）。

⑤在刚有电视的时候，电视接收设备上的频道都对应于物理的频率波段。但现在，电视观众在其电视机上设定的频道数可以不同于被用来承载任何无线广播的频率信道。对种种无线宽带用途极有价值的正是那些位于 UHF 范围内的物理信道，而非消费者在利用一个有线服务商或卫星服务商选择一个播放站时所选的那些虚拟信道。

⑥例如，与加拿大和墨西哥签订的一些条约强加的约束限制了有些频道的可用方式。除了同信道禁入约束外，这些条约的约束，在还有其他防干扰措施的情况下，不许某些成对播放站（certain pairs of stations）分得相差二或二以下的频道数。这些约束与标准图着色问题中的约束并不完全匹配。加拿大已同意重新分配其电视播放站，以清理出与美国的那些频率相同的频率，并协调这项再分配。这将使两个国家都受益，因为它可以全面清理在美国的频率并使加拿大用于移动宽带的频率与美国要用于移动宽带的频率相同。墨西哥也已同意让某些频率脱离电视播放，但只限于电视的第 38～51 频道。

⑦NP 完全问题被认为是不可能靠某种"快速"算法求解的。就图着色而言，快速算法会是这样一种计算，即对一幅具有 N 段弧的图，求解时间因某个正数 α 而被限定于 $\alpha N^{\alpha+1}$ 的范围内。如果一种算法不是在这种意义上的快速，就不存在这样的 α；从而对于每一种 α，都会存在一些问题，使该算法因此而在每段弧上平均耗费的时间超过 $\alpha N \alpha$。在实践中，这意味着这种算法很可能耗费长得难以承受的时间，至少在有些大型难题上是如此。

⑧低功率播放机构，即所谓的 LPTV 播放站，未获得这项权利。给它们的许可证规定，它们的权利是次级的，只有在它们不会对主要用途造成干扰的情况下才允许

在一个频率上播放，而新的移动宽带许可权则要变成新的主要用途。

⑨我的同事、斯坦福大学的经济学教授罗伯特·威尔逊（Robert Wilson）和我在
1993 年发明了这个"活跃度规则"，并成为我们提出的"同步多回合拍卖"的一
个组成部分。根据活跃度规则，在拍卖的每一回合中，都要测度投标者在投出一
个新报价或维持一个高报价上的活跃度。如果一个投标者不是充分活跃的，他在
拍卖的未来回合中投标的资格就会有所损失。1994 年，美国的第一次频谱拍卖
纳入首条活跃度规则。从那时以来，相似的规则曾是每一次美国频谱拍卖的组成
部分，几乎也成为世界上每次频谱拍卖的组成部分。

第 2 章

①与此不同，阿罗和赫维茨证明，对他们的模型来讲，唯一的市场出清价格向量是
存在的。对这一差异的解释是，在他们的模型和此处介绍的模型之间有两点不
同。首先，在阿罗－赫维茨模型中，市场出清包含一个条件，即对计价标准品的
净需求为零，而此处介绍的模型则只要求对一个限定的物品集做到市场出清。其
次，他们的模型假设，所有物品不只是非计价标准品，而且都是全互替品。这个
额外的假设内含着，对非计价标准品给定任何两个价格向量，由于一个向量在每
个分量上都大于另一个向量，则一定是在那个较高价格向量上对该计价标准品的
净需求绝对更大。所以，这两种价格向量不可能都出清计价标准品市场。由此，
在他们的模型中，只能存在一个市场出清价格向量。

②即使具有两个以上的非计价标准品，仍会存在最高和最低的均衡价格向量。此处
证明从略。

③凯尔索和克劳福德提出了这种理论，但无须另外假设企业对不同的劳动者集合绝
非无差异。没有这个假设，企业的需求就由一个多值函数 $D^j(\cdot)$ 描述。其中，
$D^j(w^j)$ 是各劳动者集合中的一个分类，其中的每个集合都是企业在工资向量 w^j

上的最优选择。（对几乎所有的工资向量 w^j 来讲，$D^j(w)$ 都将是一个单元素集（a singleton），但是当企业是利润最大化追求者并考虑全套价格时，例外是难免的。）凭借这个公式，对一个具有需求 D^j 的企业来讲，劳动者都是全互替品。其条件是，有任何两个工资向量 $w^j \leqslant w'^j$（表示 w'^j 的每一个成分都略大于 w^j 的对应成分），若 $T \subset S \in D^j(w^j)$，且对于所有的 $i \in T$ 有 $w_i^j = w_i'^j$，就存在某个 S'，使 $T \subseteq S' \in D^j(w'^j)$。

非公式化地表述的话，只被定义在那个受限工资域 W 上的单值需求函数是一种特殊情形，而关于互替品的这个定义有着与其恰好相同的解释。也就是说，提高有些劳动者的工资从来不减少对工资保持不变的那群劳动者（T 中那些人）的需求。

④请注意，如果 $j \in R_i(w)$，则 $i \in D^j(w^j)$，这内含着存在某个 $n \leqslant N$，使 $w_i^j = \hat{w}_n$。由此，为 F 设定的值都处于适当的范围内。

⑤对于 $\mathbb{R}^N$ 中各向量间的种种不等式，我们写 $x \leqslant y$ 以表示对于 $n = 1, \cdots, N$ 有 $x_n \leqslant y_n$；写 $x < y$ 以表示 $x \leqslant y$ 和 $x \neq y$；以及写 $x \ll y$ 以表示对 $n = 1, \cdots, N$ 有 $x_n < y_n$。

⑥运算研究者和计算机科学家正好对这个等级的问题能有多难做了特征描述，它属于一个被称为复杂性理论的数学分支。检验针对某背包问题提出的解 $\hat{x}$ 是否为最优就是一个 NP 完全问题（Papadimitriou，1994）。对这一"难度"的特征描述，在理解上通常依托一个背景，即复杂性理论中的常见假说 $P \neq NP$。根据这个假说，称背包问题属于 NP 完全等级就是说对于任何求解算法和任何多项式函数 F，都存在种种运算时长超过 $F(N)$ 的背包问题。对该结论的一种非正公式化描述为，背包问题具有"指数式的"最糟运算时长。

⑦在两个物品有相同价值/体积比的情形中，可以采用随机化来打破平局并确定排序。

⑧在这个模型中，如果一家企业是利润最大化追求者，而劳动者都是互替品，就能够证明，提高工资不可能增加该企业聘用到的劳动者人数。这个属性被称为"总需求法则"（law of aggregate demand），由哈特菲尔德和米尔格罗姆（Hatfield and Milgrom，2005）创立。

⑨投标者知道自己手中物品所值几何的假设对于许多拍卖来讲并非无懈可击。因为，有些物品产生的价值源自被感知的美好或真实，或者源自基于他人所知之事的转售价值。那些都可能是重要的议题，但它们不是本书的主要议题，所以我们通篇假设投标者确实了解其自己的估价。

⑩此处是证明。如果 $\alpha(v)$ 不是单调的，就意味着存在某个 v，使 $n \in \alpha(v)$，还存在某个 $v'_n > v_n$，使 $n \notin \alpha(v'_n, v_{-n})$。在此情形中，当别人拥有类别总况 v_{-n} 时，在类别 v_n 或 v'_n 中必有一个有动力谎报。因为，若类型 v_n 没有这样的动力，就有 $v_n - p_n(v) \geq p_n(v'_n, v_{-n})$。在这样的情形中，如果 n 的类别是 v'_n 却谎报其类别为 v_n，他（或她）就获胜并得到回报 $v'_n - p_n(v) > v_n - p_n(v) \geq p_n(v'_n, v_{-n})$。换言之，谎报的回报严格高于诚实报告的回报。

⑪还可以用一种类似的方式定义一个混合的纳什均衡，方法是允许博弈者在他们的各种策略之间随机化。但我们未在自己的模型中采用那种方法，故此处从略。

⑫需求法则在我的设定中是适用的，因为博弈者收益的形式排除了任何"收入效应"。收入效应问题在微观经济学的很多标准导论性教科书中都有详尽的发挥。

⑬以增加另外一些符号为代价，可将此扩展为这么一种情形，即买家对每个项有不同的估价，并在其成本最小化问题上，从成本中减去那些估价。

⑭在这个应用中，实际的约束都要更复杂得多。我们在下一章中描述和分析那些约束。

⑮关于拟阵，有大量的数学文献，并伴有在组合优化、网络理论、编码理论及其他理论中的种种应用。尽管我已努力使本章在内容上自成一家，但此处就拟阵所报

告的全部结果都是众所周知的。要想了解拟阵理论的更多细节，请见奈尔和纽多尔（Neel and Neudauer，2009），或者 Oxley，（2011）。

第 3 章

①当我们在后面用公式阐述最大化问题时，我们将假设，从一个有限集合中做选择就足以确保解的存在。在给定有其他办法确保所需最大值存在的条件下，随后的发展中有很多发展即使没有该有限性假设也是有效的。

②如果省略路径相连假设，就能像下文那样构建一个具有多种支付规则的示例：假定 $N = 1$，且有一个单件物品待售。那个唯一的投标者在该物品上有供给成本，它要么为零，要么为一（因而可能的取值并不形成一个路径相连的集合）。请考虑这个直言机制，其中，只有报出的成本不到一半时，那个项才被购买，且在那种情形中，所付价格是一个 $p(0) \in (0,1)$ 的数。每一个这样的价格都相当于一个不同的反谋略直言机制，因此在这个示例里，不存在唯一的反谋略价格。对于同样的结果函数 α，如果可能的成本由 $\theta_1 \in \Theta_1 = [0,1]$ 给出，则使 (α, p^α) 成为反谋略的唯一价格，在 $\theta < \dfrac{1}{2}$ 时是 $p^\alpha(\theta) = \dfrac{1}{2}$，在其他情况下就是 $p^\alpha(\theta) = 0$。

③这个符号标识中，联盟价值对买家存在的依赖被取消了，这使它不同于常见教科书中对联盟价值函数的定义。

第 4 章

①在拍卖设计中，一般来讲，没有任何事情比吸引严肃投标者的投标更重要了。在激励性拍卖的情形中，在一个或几个广播市场中拥有单一电视台的小企业很可能是一个面对极高赌注的无经验投标者，它出售的是其家族业务！且正从事一种一

注　释

生一次的陌生交易。在拍卖之后，由于运营的频道更少了，不出售其权利的投标者会分得宝贵的频道。按照均衡理论，拍卖中支付的价格可以接近于拍卖后的频道价值。所以，对投标者来讲，不参与有可能是一个能保命的现实选项。抵消这种激励的最好途径是让参与拍卖变得安全和容易，尤其是对那些小投标者。

②寻求公式化、一般化解说的读者请参阅李绳武（Li，2015）。

③本节中的拓展都基于米尔格罗姆和西格尔（Milgrom and Segal，2015）论文。

④例如，我们可以限制价格降低量，使对某个 $\underline{\Delta} > 0$，有 $\Delta(A^t) \geqslant \min(p_{n*}(A^{t-1})$, $\underline{\Delta})$。

参考文献

Arrow, K. J., and L. Hurwicz. 1959. "On the Stability of the Competitive Equilibrium, II." *Econometrica* 27(1): 82–109.

Ausubel, Lawrence, and Paul Milgrom. 2002. "Ascending Auctions with Package Bidding." *Frontiers of Theoretical Economics* 1(1): article 1.

——. 2006. "The Lovely but Lonely Vickrey Auction." In *Combinatorial Auctions*, ed. P. Cramton, Y. Shoham, and R. Steinberg. Cambridge, MA: MIT Press.

Bleakley, Hoyt, and Joseph Ferrie. 2014. "Land Openings on the Georgia Frontier and the Coase Theorem in the Short-and Long-Run." Working paper.

Clarke, Edward H. 1971. "Multipart Pricing of Public Goods." *Public Choice* 11(1): 17–33.

Dantzig, George B. 1957. "Discrete-Variable Extremum Problems." *Operations Research* 5(2): 266–88.

Eilat, Assaf, and Paul Milgrom. 2011. "The CAF Auction: Design Proposal." WC Docket No. 10-90 et al., filed July 29, 2011.

Fudenberg, Drew, and Jean Tirole. 1991. *Game Theory*. Cambridge, MA: MIT Press.

Green, Jerry, and Jean-Jacques Laffont. 1977. "Characterization of Satisfactory Mechanisms for the Revelation of Preferences for Public Goods." *Econometrica* 45(2): 427–38.

Groves, Theodore. 1973. "Incentives in Teams." *Econometrica* 41(4): 617--31.

Hatfield, John W., and Paul Milgrom. 2005. "Matching with Contracts." *American Economic Review* 95(4): 913–35.

Holmström, Bengt. 1979. "Groves' Scheme on Restricted Domains." *Econometrica* 47(5): 1137–44.

Kagel, J. H., R. M. Harstad, and Dan Levin. 1987. "Information Impact and Allocation Rules in Auctions with Affiliated Private Values: A Laboratory Study." *Econometrica* 55(6): 1275–1304.

Kagel, J. H., and Dan Levin. 1993. "Independent Private Value Auctions: Bidder Behaviour in First-, Second-, and Third-Price Auctions with Varying Numbers of Bidders." *Economic Journal* 103: 868–79.

Karp, Richard M. 1975. "Reducibility Among Combinatorial Problems." *Journal of Symbolic Logic* 40(4): 618–19.

Kelso, Alexander Jr. and Vincent Crawford. 1982. "Job Matching, Coalition Formation, and Gross Substitutes." *Econometrica* 50(6): 1483–1504.

Lehmann, D., L. I. O'Callaghan, and Yoav Shoham. 2002. "Truth Revelation in Approximately Efficient Combinatorial Auctions." *Journal of the ACM* 49(5): 577–602.

Leyton-Brown, Kevin, Paul Milgrom, Neil Newman, and Ilya Segal. 2016. "Simulating Economic Outcomes in Reverse Clock Auctions for Radio Spectrum." Working paper.

Li, Shengwu. 2015. "Obviously Strategy-Proof Mechanisms." Working Paper. https://ssrn.com/abstract=2560028.

Milgrom, Paul. 2000. "Putting Auction Theory to Work: The Simultaneous Ascending Auction." *Journal of Political Economy* 108(2): 245–72.

——. 2004. *Putting Auction Theory to Work*. Cambridge, U.K.: Cambridge University Press.

——. 2009. "Assignment Messages and Exchanges." *American Economic Journal: Miocroeconomics* 1(2): 95–113.

Milgrom, Paul, and Ilya Segal. 2002. "Envelope Theorems for Arbitrary Choice Sets." *Econometrica* 70(2): 583–601.

Milgrom, Paul, and Ilya Segal. 2015. "Deferred-Acceptance Auctions and Radio Spectrum Reallocation." Working Paper.

Milgrom, Paul, and Bruno Strulovici. 2009. "Substitute Goods, Auctions, and Equilibrium." *Journal of Economic Theory* 144(1): 212–47.

Nash, John F. 1950. "Equilibrium Points in *n*-Person Games." *Proceedings of the National Academy of Sciences of the United States of America* 36(1): 48–49.

Neel, David, and Nancy Neudauer. 2009. "Matroids You Have Known," *Mathematics Magazine* 82(1): 26–41.

Oxley, James. 2011. *Matroid Theory*, 2nd edition. Oxford, U.K.: Oxford University Press.

Papadimitriou, Christos H. 1994. *Computational Complexity*. Reading, MA: Addison-Wesley.

Roth, Alvin, Tayfun Sönmez, and Utku Ünver. 2005. "A Kidney Exchange Clearinghouse in New England." *AEA Papers and Proceedings* 95(2): 376–80.

Rothkopf, M. H., T. J. Teisberg, and E. P. Kahn. 1990. "Why Are Vickrey Auctions Rare?" *Journal of Political Economy* 98(1): 94–109.

Smith, Adam. 1776. *An Inquiry into the Nature and Causes of the Wealth of Nations.* London: Methuen and Co, Ltd.

Vickrey, William. 1961. "Counterspeculation, Auctions, and Competitive Sealed Tenders." *Journal of Finance* 16(1):8–37.

Walras, Léon. 1874. *Elements of Pure Economics*. London: Routledge.